Lebens
Schritte

DER AUTOR

Während eines gesundheitlichen Zusammenbruchs begriff Ralf Hillmann plötzlich, was in seinem Leben falsch lief und was es zu verändern galt. 2010 veröffentlichte er sein erstes Buch „Spirituell auf deine Weise". Mit diesem Ratgeber zum Entdecken von Bewusstsein und Spiritualität leitet er dazu an, mehr Selbstvertrauen zu entwickeln und Dinge, die das Leben beschweren, zu verändern. Der Erfolg ließ nicht lange auf sich warten. Kaum zwei Jahre später veröffentlichte der Autor sein zweites Buch „Persönliche Krafttierreisen". Dieses erschien sogar in zwei Ausführungen und dient als Anleitung zum Krafttierreisen. Obwohl die beiden Erstlingswerke nur über seine eigene Homepage erhältlich waren und sind, setzten sie sich schon bald erfolgreich am Markt durch. 2013 bietet ihm die Verlegerin und Autorin Susann Sontag an, sein drittes Buch „Das Orakel der Krafttiere" über ihren „LebensSchritte Verlag" herauszugeben. Wie alle Bücher von Ralf Hillmann unterstützt auch dieses dabei, mehr Bewusstsein und Spiritualität zu entwickeln. Viele weitere Informationen zu den Büchern finden Sie unter:

Homepage: www.spirituell-auf-deine-weise.de
Blog: www.spirituell-auf-deine-weise.de/blog

Ralf Hillmann

„Das Orakel der Krafttiere"

170 Krafttiere
und ihre unterstützenden Botschaften
in aktuellen Lebensfragen

7 Münzen weisen den Weg
zu 121 Krafttierportraits
und 49 Krafttier-Kurzimpulsen

Lebens
Schritte

Umschlaggestaltung: ebokks, Braunschweig, www.ebokks.de
Druck und Bindung: Amazon Distribution GmbH, Leipzig
Umschlagmotiv: Wolf howls on full Moon@YbYt Design - Fotolia.de

ISBN: **978-3-9815884-2-2**

Dieser Titel ist – in leicht modifizierter Ausgabe – auch als eBook erhältlich.

INHALTSVERZEICHNIS

ALLE 170 KRAFTTIERE AUF EINEN BLICK

Ich öffne mich für das Spirituelle
und lasse meiner Seele und meinem Geist Raum,
sich frei zu entfalten!

Ich achte ganz <u>bewusst</u> auf das,
was ich in mir und um mich herum,
wahrnehme!

Ich fühle mich mit dem Kosmos verbunden!

Ich bin bereit,
mich selbst zu entdecken,
mein Bewusstsein zu entwickeln
und meinem Herzen zu folgen!

In Liebe und zum Wohle aller!

....

....

EIN PAAR WORTE ZUVOR

Als ich vor einigen Jahren das erste Mal an einer Krafttierreise teilnahm, hatte ich mich weder vorab näher mit dem Begriff „Spiritualität" auseinandergesetzt, noch waren mir spirituelle Praktiken bekannt. Einer Freundin zuliebe machte ich einfach mal bei „so etwas" mit. Anfangs kam ich mir, in dem kleinen Teilnehmerkreis, eher fehl am Platz vor und fragte mich sogar, an was für einem Unsinn ich da gerade teilnahm. Letztlich blieb mir aber nichts anderes mehr übrig, als mitzumachen. Als dann der Klang der Trommel den Raum erfüllte und ich meine Augen schloss, verlor ich augenblicklich alle meine Vorbehalte.

Eine nicht enden wollende Flut von inneren Bildern tauchte in mir auf. Ich begegnete allen nur denkbaren Tieren. Mit unglaublich rasanter Geschwindigkeit sauste ich zuerst durch eine Art Tunnel und dann weiter durch die verschiedensten Landschaften. Sogar am Meeresgrund und auf dem Mond wandelte ich. Es war ein unbeschreiblich schönes Erlebnis. Zutiefst beeindruckt kehrte ich aus meiner ersten Krafttierreise zurück. Anschließend erzählte ich im Kreis von meinen Wahrnehmungen und stellte fest, zwar unglaublich viel gesehen und gefühlt zu haben, jedoch war ich nicht meinem Krafttier begegnet. Auch konnte ich mit dem, was ich gerade erlebt hatte, kaum etwas anfangen. Ich hatte wunderbare Szenen gesehen und das Ganze als sehr beglückend erlebt. Ja, ich fühlte mich beschenkt und wusste, dass ich soeben etwas erfahren hatte, was mich künftig noch viel mehr interessieren würde.

Aber zum damaligen Zeitpunkt war ich einfach nicht in der Lage, das, was ich wahrgenommen hatte, zu verstehen. Erst im Laufe der darauffolgenden Wochen und Monate begegnete ich meinem persönlichen Krafttier und lernte meine Wahrnehmungen einzuordnen und zu deuten. Immer mehr verstand ich es, die Sprache meiner inneren Erlebnisse zu interpretieren und die richtigen Schlüsse für mich und mein Leben daraus zu ziehen. Heute schließe ich die Augen und tauche, ohne mich darauf vorbereiten zu müssen, in die Welt der Krafttiere ein. So gelange ich über meine nach innen gerichtete Wahrnehmung, zu den Antworten auf die Fragen meines Lebens.

Durch die Entdeckung meiner spirituellen Fähigkeiten wurde es mir möglich, meinem Leben einen Sinn und eine neue Richtung zu geben. Ich kam endlich bei mir an, bei meinen Wünschen, Bedürfnissen, Interessen und Talenten sowie bei meinen Chancen und Möglichkeiten. Plötzlich fühlte ich mich mit dem gesamten Kosmos verbunden und alle Information schien mir frei zugänglich zu sein.

Seitdem ist es mir ein großes Bedürfnis, meine Erfahrungen weiterzugeben. Mit dem „Orakel der Krafttiere" möchte ich – genauso wie mit meinen anderen Büchern und Angeboten – andere Menschen dabei unterstützen, zu mehr Bewusstheit, Selbsterfahrung und Spiritualität zu finden. Mir geht es nicht darum, auf bestimmte spirituelle Schulen oder esoterische Lehren aufmerksam zu machen. Ich vertrete keine spezielle Ideologie. Vielmehr möchte ich dazu anleiten, die eigenen intuitiven Fähigkeiten zu entdecken und zu stärken. Daher handelt auch dieses Buch nicht – wie man vielleicht wegen der Krafttiere annehmen könnte – vom Schamanismus, sondern einfach vom Entdecken individueller, seelisch-geistiger Fähigkeiten. Krafttiere spielen im Schamanismus zwar eine tragende Rolle, aber man muss sie deswegen nicht unbedingt als etwas Schamanisches begreifen. Für mich sind sie Teil des „geistig-energetischen Feldes", nicht mehr und nicht weniger. Dieses „geistig-energetische Feld" ist ein Teilbereich des großen Gesamtfeldes, das in der „Quantenheilung" beispielsweise „Matrix" genannt wird. Vielleicht gefällt Ihnen die Bezeichnung Universum, Universalbewusstsein, Kosmisches Feld – oder ein anderer Begriff – besser. Sie dürfen es nennen, wie Sie möchten. Fühlen Sie sich bei allem, was Ihre Spiritualität angeht einfach frei, alles so sehen, spüren und fühlen zu dürfen, wie es Ihnen entspricht. Finden Sie ruhig für alles eigene Erklärungen und Bezeichnungen. Ihre spirituelle Wahrnehmung hat immer etwas mit Ihrem Bewusstsein und Ihrer geistigen Freiheit zu tun – also mit Ihnen ganz persönlich.

Jeder Mensch steht auf seine eigene, ganz spezifische Art und Weise mit der „Matrix" in Kontakt. Esoterische Theorien, spirituelle Lehren und Weltanschauungen liefern Techniken und Methoden, mit denen sich ein Kontakt zur „Geistigen Welt" (geistig-energetisches Feld) herstellen lässt. Aber auch ohne sich für eine dieser Techniken oder Methoden zu interessieren, ist es möglich, sich zu verbinden, und zwar auf höchst individuelle Art und Weise. Genauso, wie wir Sinne zum Sehen, Hören, Riechen, Schmecken und Fühlen besitzen, tragen wir auch die Anlagen für höhere Sinnesfähigkeiten in uns, die uns z.B. hellsehend, hellfühlend, hellhörend und hellwissend machen können.

Hellwahrnehmungen werden möglich, wenn man sich für die „feinstoffliche Ebene" sensibilisiert. Unter Hellwahrnehmen ist hier nicht das Voraussehen der Zukunft zu verstehen, sondern vielmehr das Erspüren und Erahnen dessen, was für uns gut und richtig ist. Das Leben hält viele Chancen und Möglichkeiten für uns bereit, jedoch birgt es auch Risiken und Gefahren. Mit Herz, Bauch, Geist und Verstand die jeweils richtigen Entscheidungen treffen zu können, wird möglich, je mehr wir bei uns selbst ankommen und uns unserer höheren Wahrnehmung öffnen. Da wir heute jedoch in einer sehr hektischen Zeit leben, die uns von unseren wahren Bedürfnissen ablenkt und wir uns außerdem gerne auf Technik und Wissenschaft verlassen, haben wir es größtenteils verlernt, auf Gefühl und Intuition zu vertrauen sowie unsere sensitiven Anlagen entsprechend zu entwickeln.

Den vernachlässigten Sinnesfähigkeiten wieder mehr Aufmerksamkeit zu schenken, ist das zentrale Anliegen dieses Buches. Mit allen Krafttierbotschaften des Orakels möchte ich Sie dazu ermuntern, tiefer in den Text einzutauchen; sich weiterführende Gedanken zu machen; den Sinn zwischen den Zeilen zu entdecken; achtsam auf innere Bilder, Gefühle oder Gedanken zu schauen, um Erkenntnisprozesse anzustoßen und Bewusstsein zu entwickeln.

Dieses Buch lädt Sie also dazu ein, Ihre Wahrnehmung zu sensibilisieren und Ihr seelisch-geistiges Potenzial zu entfalten. Öffnen Sie sich der Weisheit des Universums und lassen Sie sich von den Krafttieren zu mehr Achtsamkeit, Bewusstheit, Selbstvertrauen und Spiritualität begleiten.

EINFÜHRUNG

Wahrscheinlich kennen Sie bereits diverse Befragungsorakel. In der Regel muss dabei eine Karte gezogen oder ein entsprechender Link im Internet geklickt werden, um zu einer Botschaft zu gelangen. Hierzu ist es wichtig, sein spirituelles Potenzial bereits so weit entwickelt zu haben, dass Intuition tatsächlich zu entsprechenden Botschaften führen kann. Was ist aber mit denjenigen, die ihr Potenzial noch nicht ausreichend entwickelt haben? Die Chance trotzdem zu einer passenden Botschaft zu gelangen, liegt darin, dass nicht der Fragende selbst, sondern das „Universum" zur richtigen Antwort hinführt. Dies wird jedoch auch nur mit der entsprechenden Geisteshaltung gelingen. Was bedeutet das? Um die „Geistige Welt" für sich arbeiten zu lassen, ist es wichtig, ihr mit Respekt und Dankbarkeit zu begegnen. Ohne eine bewusste und anerkennende Aufmerksamkeit für jenen „magischen" Moment, in dem man beispielsweise eine Karte zieht, ist man nicht – oder nur sehr vage – in Kontakt. Es geht also darum, dem Orakel mit einem entsprechenden Bewusstsein zu begegnen. Befragt man ein Orakel beispielsweise eher zum Spaß und Zeitvertreib, ohne es dabei ernst zu nehmen, können die

Antworten entsprechend nebensächlich und bedeutungslos ausfallen.

ALLES ÜBER DAS ORAKEL

Wie kann Ihnen das Orakel dienen?

Um das Orakel zu befragen, benötigen Sie sieben Münzen zum Werfen einer Schlüsselkombination. Zwei dieser sieben Münzen müssen sich gleichen. Die fünf anderen Münzen dürfen jeweils nur einmal oder öfter als zweimal vorhanden sein. Durch das Werfen der Münzen gelangen Sie jeweils zu einer Krafttierbotschaft. Diese gilt es mit viel innerer Achtsamkeit und freiem Geist auf die eigene Lebenssituation zu übertragen. Durch das Ausdeuten der Krafttierbotschaften und Durchführen der jeweiligen intuitiven Übungen öffnen Sie sich von Mal zu Mal ein wenig mehr Ihrer inneren Wahrnehmung. Schließlich dringen Sie tiefer, zu Ihren wahren Interessen, Talenten, Wünschen und Bedürfnissen vor. Sie lernen, sich selbst zu vertrauen und Ihrem Herzen zu folgen.

Welche Fragen beantwortet das Orakel?

Fragen, die Sie an das Orakel stellen können, haben im Grunde immer denselben Kern: „Was steht gerade für mich an? Was ist gerade wichtig für mich? Was sollte ich gerade erkennen?" Es geht also immer um die Frage, worauf Sie gerade Ihre Aufmerksamkeit richten sollten!

Warum Sie zu Beginn immer dasselbe fragen?

Krafttiere sind Mittler zwischen der „Realen-" und der „Geistigen Welt". Die Sprache, mit der sie uns ihre Botschaften mitteilen, ist die „Sprache der Seelen". Dieses Buch handelt davon, vom gewohnten, verstandesdominierten Denken, quasi umzuschalten, auf eine erhöhte Wachsamkeit für Intuition und seelische Bedürfnisse.

Unser Leben wird bestimmt von Geschwindigkeit, Rationalität, Effizienz und vielen anderen Faktoren, die für unsere Seele nicht wichtig sind. Fragen, die nichts mit unserer Seele zu tun haben, können die Krafttiere nicht beantworten, denn sie verstehen sie einfach nicht. Es ist also gut möglich, dass unser Verstand sich mit ganz anderen Fragen beschäftigt als unsere Seele. So kann es sein, dass uns das Thema, das wirklich gerade für uns ansteht, gar nicht bewusst ist. Es bedarf also durchaus einiger Übung, bis man in der Lage ist, die für sich selbst wichtigen Fragen zu stellen und Antworten verstehen zu können! Sobald Sie sich selbst näher gekommen sind und mehr auf Ihre inneren Wahrnehmungen vertrauen, können Sie auch spezifischere Fragen stellen. Bis es soweit ist, empfehle ich Ihnen wirklich von Herzen, bei dieser Fragestellung zu bleiben. Ich halte sie zum Üben für besonders geeignet.

Die zwei Möglichkeiten der Orakelbefragung

„Das Orakel der Krafttiere", das Sie gerade in den Händen halten, können Sie auch dann befragen, wenn Sie Ihre spirituellen Fähigkeiten noch nicht weit entwickelt haben.

Denn Sie können sich ganz bewusst vorbereiten, bevor Sie Ihre allererste Befragung durchführen. Die Betonung liegt hier auf „bewusst", denn Ihr Bewusstsein ist Teil des „Universalbewusstseins" und somit der Schlüssel zur „Matrix". Mit dieser bewussten Vorbereitung, die Sie nur ein einziges Mal durchzuführen brauchen, synchronisieren Sie sich mit dem Orakel und werden von da an, auch bei zukünftigen Befragungen, in Kontakt sein. Sie und das Orakel haben quasi eine „Frequenz" gefunden, über die Sie ab sofort miteinander verbunden sind.

Dazu vorab noch eine Anmerkung: Sie können dieses Orakel auf zwei verschiedene Weisen für sich verwenden!

Erste Möglichkeit: Sie haben schon genügend Erfahrung mit Ihrer spirituellen Wahrnehmung gesammelt, oder möchten gar nicht so tief einsteigen. Dann überspringen Sie einfach das Kapitel „Die bewusste Vorbereitung" und lesen gleich bei „Das Werfen der sieben Münzen" weiter.

Zweite Möglichkeit: Damit Sie sich wirklich spirituell verbinden und aus dem Krafttier-Orakel den größtmöglichen Nutzen ziehen können, halte ich die bewusste Vorbereitung, um die es im nächsten Kapitel geht, für sehr wichtig. Meine persönliche Empfehlung an Sie ist daher, sich vorab mit diesem Kapitel zu befassen. Nehmen Sie sich die Zeit für die – bewusste Vorbereitung – um sich auf diese Weise noch viel tiefer auf das Spirituelle einlassen zu können. Stimmen Sie sich mit diesem Kapitel auf eine andere Erlebensebene ein. Üben Sie dabei, vom alltäglichen Denken abzuschalten und sich für etwas Neues zu öffnen. Mit den folgenden vier Schritten zur bewussten Vorbereitung, synchronisieren Sie sich mit Ihrem Orakel. Zugleich werden Sie dazu aufgefordert, Ihren Alltag zu entschleunigen; sich selbst zu vertrauen; sich zu spüren; sich in Geduld zu üben, nicht an Ihrer Wahrnehmung zu zweifeln; etwas „Verrücktes" auszuprobieren; zu experimentieren und ein Gespür für das „Magische" zu bekommen. Schauen Sie sich das nächste Kapitel einfach einmal an. Entscheiden Sie danach, welche der beiden vorgeschlagenen Vorgehensweisen Sie für sich persönlich am passendsten finden.

DIE BEWUSSTE VORBEREITUNG (EINMALIG)

Vier Schritte zur Synchronisierung (Empfehlung)

Bevor Sie das Orakel zukünftig jederzeit befragen können, möchte ich Sie gerne dazu einladen, sich mit dem Buch zu synchronisieren. Ehe Sie anfangen die dafür nötigen und nachfolgend aufgezeichneten vier Schritte umzusetzen, lesen Sie diese bitte erst einmal sehr aufmerksam durch:

Schritt 1: Die Personalisierung

Teilen Sie dem Orakel mit, wer Sie sind: Vorne im Buch auf Seite 15 finden Sie dafür nach der Textzeile „**In Liebe und zum Wohle aller**" zwei vorgezeichnete Linien. Tragen Sie auf der oberen Linie bitte eine Identifizierung ein. Sie können dort Ihren Vornamen und/oder Nachnamen angeben. Wenn es sich für Sie besser anfühlt, dürfen Sie sich auch für sich selbst einen Spirit- oder Fantasienamen

24

überlegen und diesen dort angeben. Bitte beachten Sie: Für den Moment, in dem Sie die Eintragung vornehmen, sollten Sie mit Ihrer Aufmerksamkeit ganz bei der Sache sein. Nehmen Sie Ihre Eintragung also ganz <u>bewusst</u> vor. Halten Sie sich vor Augen, dass Sie gerade damit beschäftigt sind, sich mit Ihrem Krafttier-Orakel zu synchronisieren, um ein seelisch-geistiges Band zwischen Ihnen und der „Geistigen Welt" zu knüpfen. Mit Ihrer <u>bewussten</u> Aufmerksamkeit setzen Sie einen Impuls, der sich in der „Matrix" auswirkt. Sie sind und bleiben in Kontakt.

Schritt 2: Die sieben Münzen erbitten

<u>Öffnen Sie sich für das „Magische"</u>: Mit den folgenden Aufzeichnungen, üben Sie sich darin, vom gewohnten, logischen Denken abzuschalten und sich auf eine andere Erlebensebene zu begeben! Entspannen Sie zuerst ein wenig, dann formulieren Sie – laut oder still im Geiste – folgenden Satz: „Ich bitte die „Geistige Welt" um sieben Münzen, mit denen ich künftig das Orakel befragen kann – in Liebe und zum Wohle aller!" Der Satz muss nicht genau den gleichen Wortlaut haben, Sie dürfen den Sinn des Satzes gerne mit eigenen Worten zum Ausdruck bringen. Die Formel „In Liebe und zum Wohle aller", dient zur Reinigung Ihrer Aura und zum Schutz vor negativen Einflüssen jeglicher Art. Fügen Sie diese bitte auf jeden Fall an Ihre Formulierung hinten an. Falls Sie bereits selbst eine Formel für solche Zwecke haben, können Sie natürlich auch Ihre eigene verwenden. Sprechen Sie die Worte langsam und mit Bedacht. Richten Sie diese also <u>bewusst</u>

an die „Geistige Welt" oder wie auch immer Sie dieses Feld ansonsten bezeichnen möchten.

Geben Sie sich nun etwas Zeit, um die Münzen empfangen zu können. Üben Sie sich ruhig ein wenig in Geduld. Vielleicht dauert es ein paar Tage, bis Sie alle Münzen beisammen haben. Bleiben Sie im Vertrauen darauf, dass Sie Ihre Münzen erhalten werden. Zweifeln Sie nicht und seien Sie nicht ungeduldig! Zweifel und Ungeduld blockieren jede spirituelle Verbindung.

Jetzt fragen Sie sich wahrscheinlich, wie und wo Sie die Münzen erhalten können!? Ich verrate es Ihnen im nachfolgenden Schritt!

Schritt 3: Die sieben Münzen empfangen
Tauchen Sie spielerisch in eine neue Erlebensebene ein: Schauen Sie z.B. in Ihrem Portemonnaie nach, ob Sie dort eine Münze entdecken, die Sie besonders anspricht. Seien Sie ganz spontan, überlegen Sie dabei nicht zehnmal hin und her, ob die Münze, die Sie ins Auge gefasst haben, die richtige ist oder nicht. Zweifeln Sie nicht, vertrauen Sie sich, zögern Sie nicht, entscheiden Sie sich und schon haben Sie die erste Münze für das Orakel aufgespürt. Vielleicht bitten Sie dann noch einen Freund und/oder einen Fremden, Ihnen Geld zu wechseln. Schauen Sie sich die Münzen an, die Sie erhalten und prüfen Sie, ob eine dabei ist, die Sie besonders anspricht. Und bitte, seien Sie auch hierbei wieder ganz spontan. So werden Sie die zweite Münze für das Orakel finden.

Es gibt tausend andere Möglichkeiten, um weitere Münzen zu erhalten. Vielleicht haben Sie im Keller noch eine alte Münzsammlung herumliegen oder Sie erhalten im Supermarkt an der Kasse Wechselgeld. Vielleicht finden Sie auf der Straße eine 10-Cent-Münze oder stöbern etwas Kleingeld in einer Manteltasche auf. Es ist egal, wie und wo Sie auf Ihre Münzen aufmerksam werden. Auch die Art der Münzen spielt keine Rolle. Bei dieser Übung geht es vielmehr darum, vom Alltag Abstand zu nehmen und in eine freie, kreative, spielerische und neue Erlebensebene einzutauchen. Trauen Sie sich einfach zu, Ihre Münzen aufzuspüren.

Hinweis: Bevor Sie sich auf die Suche nach Ihren Münzen begeben, gilt es Folgendes im Blick zu behalten: Wie Sie bereits erfahren haben, sollen unter den sieben Münzen, die es aufzuspüren gilt, in jedem Fall zwei Münzen sein, die sich gleichen. Diese zwei Münzen haben für die Orakelbefragung eine besondere Bedeutung. Alle anderen Münzen dürfen entweder nur einmal oder mehr als zweimal vorhanden sein. Falls Ihre Sammlung am Ende keine zwei gleichen Münzen aufweisen sollte, ist dies nicht weiter schlimm. Suchen Sie einfach eine weitere und tauschen Sie diese gegen eine andere aus. Vertrauen Sie auch dabei wieder auf Ihr Gespür und entscheiden Sie sich ganz spontan ohne zu zögern oder zu zweifeln. So können Sie nichts falsch machen.

Wenn Sie alle Münzen zusammengetragen haben, bedanken Sie sich – laut oder still im Geiste – bei der „Geistigen

Welt" und vertrauen ab diesem Zeitpunkt darauf, dass Sie von nun an über Ihre Münzen mit dem Orakel in Kontakt treten können. Seien Sie davon überzeugt, dass das möglich ist. Zweifeln Sie nicht. Denken Sie daran: Zweifel trennen die Verbindung. Sie können von nun an – wann immer Sie wollen – in Kontakt sein.

Falls es Ihnen schwer fallen sollte, keine Zweifel daran aufkommen zu lassen, gebe ich Ihnen gerne noch einen Tipp, der Ihnen die Sache erheblich erleichtern sollte: Sie müssen nicht „restlos" davon überzeugt sein, künftig zu jeder Zeit in Kontakt kommen zu können. Nein, es reicht vollkommen aus, wenn Sie dies zumindest für möglich halten. Sobald Sie es nicht für ausgeschlossen halten, über die Münzen den Kontakt herstellen zu können, bleiben Sie offen für das Spirituelle. Auf diese Weise sind Sie nicht aktiv mit Zweifeln beschäftigt und werden bald erkennen, dass Sie tatsächlich in Kontakt kommen.

Schritt 4: Die Synchronisierung abschließen

Stellen Sie Kontakt zum Mittlertier her: Nachdem Sie die ersten drei vorbereitenden Schritte durchgeführt und die nachfolgenden Erklärungen zur Orakelbefragung verstanden haben, führen Sie Ihre erste Befragung durch. Sie werden zu einem Krafttier und seiner Botschaft geführt. Lesen Sie die Botschaft aufmerksam durch und üben Sie sich darin, diese auf Ihre aktuelle Lebenssituation zu übertragen und auszudeuten. Für Ihr ganz persönliches Krafttierorakel stellt das Tier, zu dem Sie bei dieser ersten Befragung geführt werden, außerdem künftig den Mittler zwischen „alltäglicher Wirklichkeit" und „nichtalltäglicher Wirklichkeit" dar. Tragen Sie dieses Helfertier auf Seite 15 ganz <u>bewusst</u> unter der Formel „In Liebe und zum Wohle aller" auf der unteren, vorgezeichneten Linie ein und schließen Sie damit die Synchronisierung ab.

Wichtiger Hinweis: Ihr Helfertier ist nicht als Ihr persönliches Krafttier zu verstehen! Auch, wenn jedes Helfertier als Krafttier in Erscheinung treten kann und umgekehrt, so spielt es hier nur die Rolle des Vermittlers. Bitte befreien Sie sich von dem Wunsch, nur ein ganz besonders edles, anmutiges oder aufregendes Helfertier als Mittler in Ihr Buch eintragen zu wollen. Seien Sie bereit, jedes Tier als Ihren Orakel-Verbündeten anzuerkennen! Nehmen Sie das Tier – egal, welches es sein wird – dankend und anerkennend an, auch, wenn es sich dabei um ein Tier handelt, das Ihnen real eher wenig sympathisch ist. Freunden Sie sich mit Ihrem Mittlertier an, öffnen Sie sich und heißen Sie es willkommen. Es wird sich künftig für Sie bereithalten und Ihnen über das Orakel den Weg zu weiteren, für Sie relevanten, Krafttierbotschaften weisen.

Wie geht es Ihnen jetzt gerade? Spricht Sie diese – für den logisch denkenden Verstand – etwas merkwürdig erscheinende Vorgehensweise an, oder halten Sie das Ganze eher für verwirrend oder albern? Sie wissen ja, Sie haben die Wahl zwischen dieser – von mir empfohlenen – Vorgehensweise, oder der vereinfachten Form. Sie dürfen gerne jetzt sofort sieben Münzen aus Ihrem Portemonnaie nehmen und alles ganz nüchtern angehen. Spüren Sie in sich nach, wie weit Sie sich öffnen können und was zu Ihnen ganz persönlich passt. Entscheiden Sie selbst!

DIE ORAKELBEFRAGUNG

So befragen Sie das Orakel der Krafttiere

Verabschieden Sie die Gedanken des Alltags und öffnen Sie sich einer anderen Erlebensebene. Werden Sie sich Ihrer **Absicht** <u>bewusst</u>, mit der „Geistigen Welt" in Kontakt treten zu wollen. Stellen Sie sich das nicht zu kompliziert vor. Es reicht vollkommen, wenn Sie sich ernsthaft Ihrer Befragung widmen möchten. Nehmen Sie eine positive, wertschätzende Geisteshaltung gegenüber der „Geistigen Welt" ein und rufen Sie sich Ihr Mittlertier* ins Bewusstsein. (*Falls Sie die Befragung ohne die vorab von mir empfohlene Synchronisierung durchführen möchten, *ignorieren* Sie bitte den Hinweis zum Mittlertier.)

Das Werfen der sieben Münzen

Nehmen Sie Ihre sieben Münzen in beide Hände und schütteln Sie sie. Derweil Sie das tun, formulieren Sie – laut oder still im Geiste – folgende **Absicht**: „Krafttierorakel – ich möchte dich befragen!" Sie können diese Absicht natürlich auch in eigene Worte fassen, der Sinn sollte jedoch gleich bleiben.

Formulieren Sie als nächstes – laut oder still im Geiste – folgende **Frage**: „Was steht gerade für mich an?" bzw. „Was ist gerade wichtig für mich?" Auch hier dürfen Sie selbstverständlich eigene Worte verwenden. Der Sinn der Frage sollte jedoch nicht verändert werden.

Schütteln Sie weiterhin die Münzen in Ihren Händen.

Formulieren Sie nun abschließend die **Formel** „In Liebe und zum Wohle aller". Diese dient zur Reinigung Ihrer Aura und zum Schutz vor negativen Einflüssen. Gleichzeitig intensiviert diese liebevolle, positive Geisteshaltung Ihr persönliches Schwingungsfeld um ein Vielfaches, was die Verbindung zur „Geistigen Welt" unterstützt. Falls Sie bereits eine eigene Formel für vergleichbare Zwecke verwenden, dürfen Sie diese selbstverständlich beibehalten.

Werfen Sie die sieben Münzen alle auf einmal vor sich hin. Betrachten Sie sie nun von links nach rechts. Mit welchen Seiten zeigen sie nach oben? Legen Sie alle sieben Münzen zur besseren Übersicht von links nach rechts aufgereiht nebeneinander. Verändern Sie dabei bitte nicht die Reihenfolge, die sich zuvor bei Ihrem Wurf – von links nach rechts betrachtet – ergeben hat. Falls Sie bei einem Wurf keine Reihenfolge erkennen können, weil z.B. eine Münze genauso weit links liegt, wie eine andere, dann werfen Sie einfach noch einmal neu. Die Münzen weisen – wie sollte es anders sein – entweder Kopf oder Zahl auf. Das könnte z.B. wie folgt aussehen:

Zahl – **Zahl** – Kopf – Kopf – **Zahl** – Kopf – Kopf
(Zwillingsmünzen sind **fett** dargestellt!)

Mit sieben Münzen zu einer Krafttierbotschaft
Betrachten Sie dann die vor Ihnen liegenden Münzen von links nach rechts. Zwei Parameter lassen sich daraus ablesen: Zum einen weisen die Zwillingsmünzen auf eine Krafttiergruppierung hin, und zum anderen lässt sich aus

den übrigen Münzen eine fünfstellige Schlüsselkombination ablesen.

Zuerst schauen Sie sich die Zwillingsmünzen an. Liegen diese mit der Kopf- oder Zahlseite nach oben? Im vorab aufgeführten Beispiel weisen die Zwillingsmünzen, von links nach rechts betrachtet, den Schlüssel „Zahl – Zahl" auf. Das heißt, Ihre Krafttierbotschaft befindet sich unter der Krafttiergruppierung „Zahl – Zahl" (hinten im Buch ab Seite 202).

Als nächstes betrachten Sie die fünf restlichen Münzen. Mit welcher Seite liegen sie nach oben? Im oben aufgeführten Beispiel lautet der Schlüssel:

„Zahl-Kopf-Kopf-Kopf-Kopf."

Diese Kombination deutet unter der zuvor gefundenen Gruppierung auf ein Krafttier und seine Botschaft hin (zu finden hinten im Buch ab Seite 202). Blättern Sie zu dieser Krafttierbotschaft um und lesen Sie sie.

Zur besseren Übersicht können Sie die Zwillingsmünzen auch nach oben aus der Reihe hinausschieben, dann haben Sie die Krafttierkategorie und die Schlüsselkombination getrennt voneinander vor sich liegen. So erleichtern Sie sich das Ablesen der beiden Parameter.

Das Deuten der Krafttierbotschaften

Es gibt etwa sieben Milliarden Menschen auf der Erde. Mindestens genauso viele, individuelle Botschaften müsste dieses Buch bereithalten, um jedem ganz konkret Auskunft geben zu können. „Das Orakel der Krafttiere" enthält auf den ersten Blick jedoch nur insgesamt einige Tausend vage Botschaften. Sie sind meist in Form von Herzensweisheiten und Denkanstößen formuliert. Aus ihnen können aber unendlich viele weiterführende Informationen abgeleitet bzw. assoziiert werden.

Damit Sie über das Orakel zu den für Sie wichtigen Botschaften gelangen können, gilt es, diese sehr aufmerksam zu lesen und mit viel geistiger Freiheit sowie innerer Achtsamkeit zu interpretieren. Dafür ist es wichtig, auch zwischen den Zeilen zu lesen. Spüren Sie in den Text hinein und übertragen Sie ihn auf Ihre aktuelle Lebenssituation. Sie müssen also nicht jedes Wort exakt so verstehen, wie es im Buch geschrieben steht. Achten Sie auf innere Bilder, die in Ihnen entstehen. Welche Gefühle entwickeln sich bei Ihnen, während Sie mit dem Lesen beschäftigt sind und wie erklären Sie sich diese? Welche Erinnerungen werden wach? Gibt es eine *innere Stimme*, die sich zu Wort meldet? Welcher Teil der Botschaft spricht Sie am meisten an und wie erklären Sie sich das? Welche Assoziationen stellen Sie her? Welche Textpassagen berühren Sie am wenigsten und was könnten die Gründe dafür sein? Wo verspüren Sie innere Widerstände und wo könnten diese herkommen? Warum wollen die Krafttiere Sie ausgerechnet auf diese Botschaft aufmerksam machen? Welchen

Kern hat die Botschaft und welche Konsequenzen ziehen Sie daraus für Ihr Leben? Wozu fühlen Sie sich aufgerufen?

Vielleicht haben Sie – als Sie dieses Buch zum ersten Mal in der Hand hielten – ein wenig darin herumgeblättert und bemerkt, dass die Krafttierbotschaften nur in Textform wiedergegeben und nicht – wie üblich – mit Bildern illustriert sind. Können Sie sich vorstellen, warum dieses Buch keine Bilder von Krafttieren enthält? Denken Sie bitte einmal kurz darüber nach! Die Antwort erfahren Sie gleich, einige Seiten weiter hinten!

Jede Krafttierbotschaft endet mit einer intuitiven Übung. Diese fordert Sie dazu auf, ganz spontan – also ohne darüber nachzudenken – eine Assoziation herzustellen und auszusprechen. Dazu erfahren Sie mehr im folgenden Kapitel „Anregungen zur Deutung der Botschaften." Falls Ihnen diese Übung zuerst wenig substanziell erscheint, werden Sie doch bald bemerken, wie Ihnen durch das Üben Informationen zugänglich werden, die Sie im Buch – so spezifisch und Ihre Person betreffend – nicht finden können. Bitte nutzen Sie diese Übungen, denn Sie führen Sie direkt in Ihre ureigene spirituelle Wahrnehmung hinein.

Je öfter Sie sich auf diese Weise mit dem Orakel verbinden, desto freier werden Sie sich mit der Zeit beim Interpretieren fühlen, und umso intensiver werden Sie die „Weisheit des Universums" in sich spüren und für sich erschließen können. Vergessen Sie nicht, sich nach einer

Befragung bei der „Geistigen Welt" zu bedanken und schenken Sie Ihrem Mittlertier* dabei einen Moment bewusste Aufmerksamkeit! (*Falls Sie die Befragung ohne die vorab von mir empfohlene Synchronisierung durchführen, *ignorieren* Sie bitte den Hinweis zum Mittlertier.)

Anregungen zur Deutung der Botschaften

Ich möchte Ihnen gerne noch ein paar Anregungen geben, die Ihnen beim Ausdeuten der jeweiligen Krafttierbotschaften helfen können. Wie Sie bereits erfahren haben, gilt es, die Texte mit größtmöglicher geistiger Freiheit und Intuition zu interpretieren. Entscheidend ist das, was zwischen den Zeilen für Sie wahrnehmbar wird und in Form von Bildern, Gedanken, Assoziationen und Gefühlen entsteht und zu Einsichten und Erkenntnisprozessen führt. Entwickeln Sie Ihre Wahrnehmung auf Ihre ganz ureigene, individuelle Art und Weise. Egal, wie weit Sie Ihr spirituelles Potenzial bereits geschult haben, steigen Sie einfach so, wie es Ihnen jetzt entspricht, in die Deutung der Krafttierbotschaften ein. Je mehr Sie sich dabei selbst vertrauen und sich den Möglichkeiten Ihrer Wahrnehmung öffnen, und je freier Sie Ihrem Geist gestatten, die Ereignisse Ihres Lebens, sowie die hier im Buch beschriebenen Botschaften zu interpretieren, desto tiefer und umfassender werden Sie in das Feld der „Matrix" Einblick erhalten.

Ich gebe Ihnen nun noch ein paar Beispiele zur Deutung der Krafttierbotschaften. Angenommen, Sie lesen im Buch folgende Botschaften:

… **eine Reise steht an** … im übertragenen Sinne könnte dies bedeuten, dass: Sie verreisen; Sie ein Stück mit der U-Bahn fahren; Sie in eine andere Stadt ziehen; Sie sich auf den Weg machen um neue Interessensgebiete zu erkunden; Sie eine höhere Bewusstseinsebene erreichen; Sie an einer Krafttierreise teilnehmen; oder vieles noch viel freier Interpretiertes mehr. Es deutet in jedem Fall etwas darauf hin, dass eine „Reise" für Sie eine gewisse Bedeutung haben wird.

… **eine Wandlung steht bevor** … im übertragenen Sinne könnte das bedeuten, dass: Sie sich verändern; sich Dinge in Ihrem Leben verändern; Sie Ihre Meinung ändern; sich ein Gefühl verändert; sich auch nur das Wetter ändert oder vieles noch viel freier Interpretiertes mehr. Es deutet in jedem Fall etwas darauf hin, dass eine „Wandlung" für Sie eine gewisse Bedeutung haben wird.

… **die Rettung ist ganz nahe** … im übertragenen Sinne könnte das bedeuten, dass: Sie etwas ganz Großes erreichen; Sie etwas Kleines erschaffen; Sie eine Lösung für ein Problem finden; Sie einem anderen helfen; Sie Hilfe durch jemand anderen bekommen; ein bestimmtes Ereignis Sie weiterbringt oder vieles noch viel freier Interpretiertes mehr. Es deutet in jedem Fall etwas darauf hin, dass eine „Rettung" für Sie eine gewisse Bedeutung haben wird.

… **die Zeit des Ausruhens ist nun vorbei** … im Übertragenen Sinne könnte das bedeuten (obwohl Sie sich vielleicht schon lange nicht mehr ausgeruht haben), dass: eine Zeit des Stillstandes vorbei ist; Sie lange genug in einer unliebsamen Situation verweilt haben; oder es bedeutet tatsächlich, dass: Sie nun mit voller Kraft Ihre Ziele angehen können, weil Sie die nötige Energie dafür bereits gesammelt haben oder vieles noch viel freier Interpretiertes mehr. Es deutet in jedem Fall etwas darauf hin, dass eine Zeit des „Ruhens oder Ausharrens" vorbei geht und für Sie eine gewisse Bedeutung haben wird.

... nehmen Sie das, was geschieht, leicht ... im Übertragenen Sinne könnte das bedeuten (obwohl Sie vielleicht gerade etwas Schlimmes erlebt haben und Sie sich nicht im Stande sehen, es leicht zu nehmen), dass: Sie das Beste daraus machen sollten; Sie sich fragen könnten, wem es nützt, dass Sie es sich so schwer machen; Sie begreifen sollten, dass Sie die Möglichkeit haben, selbst die Verantwortung für Ihr Glücklichsein zu übernehmen, denn alles Klagen und Beschweren über Gott und die Welt bringt Sie nicht weiter; oder es bedeutet wirklich, dass Ihnen nun eine leichtere Zeit bevorsteht; oder dass etwas, was auf den ersten Blick wie ein Problem aussieht, gar keines ist; oder vieles noch viel freier Interpretiertes mehr. Es deutet in jedem Fall etwas darauf hin, dass Sie zu jeder Zeit das Positive in den Dingen erkennen sollten und dass diese Geisteshaltung eine Bedeutung haben wird.

Wie Sie bereits erfahren haben, finden Sie am Ende jeder Krafttierbotschaft eine Übung zur Entwicklung Ihrer intuitiven Kraft. Diese Übungen beziehen sich immer auf die Krafttiere der jeweiligen Botschaften.

Hierzu möchte ich etwas anmerken und komme nun auf die zuvor auf Seite 35 gestellte Frage zurück. Ich wollte von Ihnen wissen, ob Sie sich vorstellen können, warum die Krafttierportraits in diesem Buch nicht mit Bildern illustriert dargestellt sind. Haben Sie eine Antwort gefunden? Hier kommt die Auflösung:

Dieses Buch enthält keine Bilder von Krafttieren, damit Sie sich ganz auf **IHRE** eigene seelisch-geistige Wahrnehmung konzentrieren können. Es geht um **IHRE** Gefühle, Gedanken und inneren Bilder. In dem Moment, in dem Sie vom Orakel zu einem Krafttier und dessen Botschaft geführt werden, sollten Sie sich nicht von einer Abbildung abgelenkt lassen, sich Ihrer eigenen inneren Bilder und den damit verbundenen Gefühlen und Gedanken bewusst zu werden. So werden Sie beispielsweise einem Schmetterling begegnen können, wie ihn kein zweiter je vor seinem inneren Auge wahrnehmen wird. Dieses Buch führt Sie zu den Krafttierbildern, die vor Ihrem inneren Auge sichtbar werden.

Krafttiere lassen sich nicht abbilden. Ich könnte Ihnen in diesem Buch Bilder von Tieren bereithalten, jedoch keine von Krafttieren. Denn Krafttiere sind geistig-energetische Anteile der „Matrix", Sie haben keine feste, immer gleiche Form oder Gestalt. Je nachdem, wie wir sie wahrnehmen, erscheinen sie uns mal groß, mal klein, mal klar, mal vage, mal bunt, mal schwarz-weiß. Manchmal können Elefanten fliegen, Maulwürfe am Meeresgrund wandeln, Delfine sich im Wüstensand räkeln oder Ameisen uns auf Händen tragen. Sie können Ihre Gestalt von jetzt auf gleich verändern. Sie können für uns sichtbar sein, obwohl sie überhaupt keine Gestalt angenommen haben. Oder wir sehen sie nicht, obwohl wir sie ganz klar erkennen. Sie können an zwei Orten gleichzeitig sein, ohne sich dafür teilen zu müssen und sind Löwen, obwohl sie in der Gestalt einer Maus auftauchen. Krafttiere sind immer das, als was sie in unserem Inneren sichtbar bzw. wahrnehmbar werden.

Zurück zu den Übungen zur Entwicklung Ihrer intuitiven Kraft:

Angenommen, Sie lesen in einer Krafttierbotschaft folgende Übung: „Visualisieren Sie einen Tapir! Sehen Sie ihn? Wie sieht er aus? Welche Assoziationen entwickeln Sie ganz spontan dazu? Lassen Sie Ihrem Geist freien Lauf und beobachten Sie, wohin Sie geführt werden."

Hier geht es zuerst darum, den Kontakt zum Krafttier „Tapir" herzustellen – Sie erinnern sich: zu „Ihrem eigenen" Tapir, jenem Tapir, der sich in dieser Form nur Ihnen ganz persönlich zeigt. Niemand sonst wird exakt das gleiche Bild eines Tapirs in sich wahrnehmen. Dann ist es wichtig, die erste spontane Assoziation, die Ihnen dazu in den Kopf kommt, aufzugreifen und zu untersuchen. Vielleicht kommt Ihnen der Gedanke, dieses Tier einmal in Ihrer Kindheit im Zoo gesehen zu haben. Vielleicht tauchen dann noch weitere Erinnerungen aus der Kindheit auf. Möglich wäre auch, dass Sie sofort die weißen Streifen eines jungen Tapirs vor Ihrem inneren Auge sehen, weil diese für Sie eine symbolische Bedeutung haben. Oder Sie haben gar keine Ahnung, was ein Tapir überhaupt ist. Trotzdem wird sich ein Gedanke, ein Gefühl oder eine vage Idee dazu einstellen und genau das gilt es genauer anzuschauen und sich weiterentwickeln zu lassen. Eventuell taucht in Ihnen etwas auf, das gar nichts mehr mit einem Tapir zu tun hat, Sie haben keine Ahnung, wo das innere Bild oder die Gedanken herkommen. Sie sind in den Bereich Ihres Unterbewusstseins hervorgedrungen.

Was meldet sich bei Ihnen? Was wird Ihnen eingegeben? Was wird Ihnen klar? Haben Sie etwas Geduld, öffnen Sie sich, gestatten Sie Ihrem Geist, sich frei zu entfalten.

Wenn andere das Orakel befragen möchten
Selbstverständlich können Sie das Orakel auch Ihren Freunden und Bekannten zur Verfügung stellen. Ich selbst mag solche Abende sehr gerne, an denen man sich mit Freunden trifft, um gemeinsam reihum eine Orakelbefragung durchzuführen.

Es gibt auch hier wieder zwei Möglichkeiten. Entweder Sie lassen die jeweiligen Personen einfach spontan mit beliebigen Münzen die Befragung durchführen, oder – was ich empfehle – Sie erläutern kurz, wie eine Befragung durchzuführen ist und stellen dafür Ihre eigenen Münzen zur Verfügung. Bitten Sie vielleicht noch Ihr Helfertier darum, sich für die Befragung bereitzuhalten. Bleiben Sie am besten mit Ihrer Aufmerksamkeit ganz <u>bewusst</u> bei solch einer Befragung dabei. Ihren Geist dürfen Sie mit großer Freiheit für alle Ihre spirituellen Bitten, Wünsche und

Vorhaben einsetzen. Vergessen Sie nicht, die Formel „In Liebe und zum Wohle aller" einzubinden, dann sind Sie immer auf der sicheren Seite.

Wenn Sie das Orakel für andere befragen
Auch können Sie das Orakel stellvertretend für Ihre Freunde und Bekannten befragen und für die jeweiligen Personen eine Botschaft erbitten. Dazu gehen Sie ganz einfach genauso vor, als würden Sie die Befragung für sich selbst durchführen. Der einzige Unterschied besteht darin, die Frage entsprechend anders zu formulieren. Die Frage könnte dann z.B. so aussehen: „Was steht gerade für Person XY an?" bzw. „Was ist gerade wichtig für Person XY?"

Falls Sie Ihre Münzen einmal verlieren
Falls Ihnen einmal Ihre Münzen teilweise oder sogar komplett abhandenkommen sollten, ärgern Sie sich nicht darüber. Es soll so sein. Verstehen Sie es einfach als Aufforderung, Ihre Sammlung aufzufrischen bzw. zu erneuern. Sie wissen ja bereits, wie Sie Münzen empfangen können. Ich selbst bewahre meine sieben Münzen stets in einem Minibriefumschlag auf, den ich mir in mein Buch geklebt habe. Vielleicht ist das auch für Sie eine Möglichkeit, die Münzen jederzeit griffbereit zu haben!?

Die Arbeit mit dem Orakel kann beginnen

Nun haben Sie bereits alles erfahren, was Sie über das „Orakel der Krafttiere" wissen müssen, um damit arbeiten zu können. Ich wünsche Ihnen von Herzen, dass Sie mit Hilfe dieses Buches auf Ihrer spirituellen Reise und Ihrem Weg der Selbsterfahrung weiterkommen. Wenn Sie noch mehr über Krafttiere und Krafttierreisen erfahren möchten, empfehle ich Ihnen mein Buch „Persönliche Krafttierreisen". Dieses leitet Sie dazu an, eigene Krafttierreisen zu erleben, Kontakt zu Ihrem Krafttier herzustellen und informiert Sie, über alles, was ich zum Thema „Krafttiere" erfahren habe und für wissenswert erachte.

Meine Bücher finden Sie unter:

www.spirituell-auf-deine-weise.de

KRAFTTIERBOTSCHAFTEN

Adler – In Verbindung mit dem Universum

Das, was Sie jetzt aussprechen, wird in der Welt wahrgenommen werden. Selbst wenn Sie etwas vorhaben, das speziell für Sie ungewöhnlich oder unerwartet scheint, so wissen Sie doch mittlerweile ziemlich genau, was gut und richtig für Sie ist. Der Adler verleiht Ihnen für einige Zeit die Fähigkeit, alles von ganz weit oben betrachten zu können. Nehmen Sie die vielen Chancen und Möglichkeiten, die sich für Sie dabei entdecken lassen, wahr. Bringen Sie Ihr Herz in die nun anstehenden Entscheidungen mit ein. Entscheiden Sie sich für sich und erlauben Sie sich ruhig von anderen nicht verstanden zu werden.

Achten Sie auf alle Bilder, Gedanken, Empfindungen und Assoziationen, die beim Lesen der folgenden Sequenzen in Ihnen wahrnehmbar werden und finden Sie heraus, welcher Sinn sich daraus für Sie ablesen lässt:

Verbindung des Selbst mit dem Universum; Klarheit durch seelisch-geistiges Wachstum; Vertrauen und Glauben durch Öffnung nach Innen und Außen; eine Botschaft will aus einer Begegnung abgeleitet und erkannt werden; ein Gewinn, ein Sieg oder ein Erfolg bahnt sich an; am Ende wird sich die eigene Wahrheit als die für Sie richtige erweisen; Belastungen wollen nicht mehr beklagt werden, sondern verlangen nach Veränderung; eine wichtige Lernaufgabe lässt sich aus einer derzeitigen Situation klar ablesen; Engstirnigkeit, Kleinkariertheit und Intoleranz wollen jetzt entlarvt und verabschiedet werden; der eigenen göttlichen Kraft die Führung überlassen; das Licht des Himmels bringt Heilung für Körper, Geist und Seele.

Übung: Visualisieren Sie einen Adler! Sehen Sie ihn? Wie sieht er aus? Welche Assoziationen entwickeln Sie ganz spontan dazu? Lassen Sie Ihrem Geist freien Lauf und beobachten Sie, wohin Sie geführt werden.

Affe – Die Kraft der Leichtigkeit
Der Affe gesellt sich an Ihre Seite, um Sie darauf aufmerksam zu machen, sich Ihrer vielfältigen Chancen und Möglichkeiten bewusst zu werden. Nehmen Sie das, was passiert, leicht. Es geschieht nicht, ohne etwas dabei lernen oder daran wachsen zu können. Entdecken Sie das Glück des Augenblickes. Kommen Sie an im Hier und Jetzt. Lassen Sie auch einmal alle Fünfe gerade sein und gönnen Sie sich einfach Spiel und Spaß. Ja, Sie tragen die Verantwortung für Ihr Leben. Aber nicht nur Ihren Pflichten sollten Sie gerecht werden, sondern auch Ihren Wünschen, Bedürfnissen und Sehnsüchten. Diese sind Teil Ihres Seelenplans und wollen gewürdigt werden.

Achten Sie auf alle Bilder, Gedanken, Empfindungen und Assoziationen, die beim Lesen der folgenden Sequenzen in Ihnen wahrnehmbar werden und finden Sie heraus, welcher Sinn sich daraus für Sie ablesen lässt:

Ausgelassen feiern; eigene Interessen, Talente und Wünsche ernst nehmen; sollen doch die anderen denken, was sie wollen; die Freude des Augenblicks; seelisch-geistiges

Wachstum findet statt; sich der Welt zeigen um erfolgreich zu sein; neue Chancen und Möglichkeiten erkennen; nehmen Sie es mit Humor; die Neugier nicht verlieren; erlauben Sie sich auch einmal Fehler zu machen; es gibt immer mehrere Möglichkeiten etwas zu tun; eine Erkenntnis steht bevor; alte Denkmuster durchbrechen.

Übung: Visualisieren Sie einen Affen! Sehen Sie ihn? Wie sieht er aus? Welche Assoziationen entwickeln Sie ganz spontan dazu? Lassen Sie Ihrem Geist freien Lauf und beobachten Sie, wohin Sie geführt werden.

Albatros – Die Reise zwischen den Welten
Eine Zeit des Reisens steht an. Das kann auch im übertragenen Sinne zu verstehen sein, z.B. neue Wissensgebiete sind zu erkunden oder neue Herausforderungen zu meistern. Im Wesentlichen geht es nun darum, weiter zu wachsen, indem Sie sich auf neue Erfahrungen einlassen.

Achten Sie auf alle Bilder, Gedanken, Empfindungen und Assoziationen, die beim Lesen der folgenden Sequenzen in Ihnen wahrnehmbar werden und finden Sie heraus, welcher Sinn sich daraus für Sie ablesen lässt:

Aller Anfang ist schwer; selbstbewusstes Vorgehen zahlt sich aus; der Weg ist das Ziel; um frei zu sein, ist es gut, zu wissen, wo man hingehört; bei günstigen Windverhältnissen die Flügel ausbreiten; spirituelle Verbundenheit durch Vertrauen und Hingabe; mit Bedacht am Ziel ankommen;

seelisch-geistiges Wachstum durch Öffnung für das Spirituelle; das Reisen kann beginnen.

Übung: Visualisieren Sie einen Albatros! Sehen Sie ihn? Wie sieht er aus? Welche Assoziationen entwickeln Sie ganz spontan dazu? Lassen Sie Ihrem Geist freien Lauf und beobachten Sie, wohin Sie geführt werden.

Ameise – Der Platz in der Gemeinschaft

Gerade jetzt ist es wichtig, die Gemeinsamkeit zu suchen. Bei anstehenden Projekten oder auch beim Lösen von Problemen sind Sie gut beraten, wenn Sie die Hilfe anderer in Anspruch nehmen. Sie selbst werden in der Gemeinschaft gebraucht und haben einiges zu geben. Die Ameise weist Sie darauf hin, Ihren Platz in der Gemeinschaft einzunehmen. Einen Platz, mit dem Sie der Gemeinschaft – aber auch sich selbst – gerecht werden. Geben und Nehmen wollen im Gleichgewicht gehalten werden. Mehr zu geben denn zu nehmen, bringt Sie übrigens in das gleiche Ungleichgewicht, als mehr zu nehmen, denn zu geben. Dinge die gerade sehr schwierig sind, können Sie nun mit der Kraft der Ameise, die ein Vielfaches ihres eigenen Körpergewichtes zu stemmen vermag, angehen. Grenzen zu überschreiten und enorme psychische sowie physische Kräfte dabei aufzuwenden, ist nun kurzzeitig erlaubt und kann sich lohnen. Achten Sie aber darauf, dass Sie sich zwischendurch erholen können.

Achten Sie auf alle Bilder, Gedanken, Empfindungen und Assoziationen, die beim Lesen der folgenden Sequenzen in

Ihnen wahrnehmbar werden und finden Sie heraus, welcher Sinn sich daraus für Sie ablesen lässt:

Im Hier und Jetzt ankommen; nicht mit unnötigen Nebensächlichkeiten aufhalten; Schritt für Schritt Träume verwirklichen; Zeit für gewohnte und neue Aktivitäten; Schutz vor Stillstand und Langeweile; Gefahr der Überforderung entgegentreten; nach Grenzüberschreitung die Grenzen nach außen klar ziehen.

Übung: Visualisieren Sie eine Ameise! Sehen Sie sie? Wie sieht sie aus? Welche Assoziationen entwickeln Sie ganz spontan dazu? Lassen Sie Ihrem Geist freien Lauf und beobachten Sie, wohin Sie geführt werden.

Antilope: Kurzimpulse von sieben Krafttieren
Die Antilope betritt als Botschafterin von insgesamt sieben unterschiedlichen Krafttieren Ihr persönliches Schwingungsfeld.

Achten Sie auf alle Bilder, Gedanken, Empfindungen und Assoziationen, die beim Lesen der folgenden sieben Krafttier-Kurzimpulse in Ihnen wahrnehmbar werden und finden Sie heraus, welcher Sinn sich daraus für Sie persönlich ableiten lässt!?

Sieben Krafttiere senden Ihnen folgende Impulse:

- **Antilope**: Eine Entscheidung gut überlegt und mit aller Entschlossenheit treffen; die Zweifel besiegen; weitergehen; das Beste daraus machen.

- **Drossel**: Vielfältige Chancen und Möglichkeiten; Sie haben ein besonderes Talent; lernen Sie sich abzugrenzen.

- **Gorilla**: Intelligenz ist gefragt; spielerisches Ausprobieren bringt weiter; entscheiden Sie zu Gunsten der Lebensfreude.

- **Hirschkäfer**: Wachstum kann stattfinden; übernehmen Sie die Verantwortung für sich selbst; lassen Sie andere für sich selbst die Verantwortung tragen; stehen Sie zu der Art und Weise, wie Sie empfinden.

- **Kormoran**: Vergessenes kann ins Bewusstsein zurückkehren; abstreifen, was an Belastung oder Schuld anhaftet; für die eigenen Belange einstehen.

- **Regenwurm**: Etwas aus dem Verborgenen ans Licht heben; Heilung kann stattfinden; vor Infektionen schützen.

- **Spatz/Sperling**: Eigene Fähigkeiten und Stärken würdigen; Selbstwertgefühl und Selbstbewusstsein können gestärkt werden.

Übung: Visualisieren Sie eine Antilope! Sehen Sie sie? Wie sieht sie aus? Welche Assoziationen entwickeln Sie ganz spontan dazu? Lassen Sie Ihrem Geist freien Lauf und beobachten Sie, wohin Sie geführt werden.

Assel/Kellerassel – Vereinen – Wiedervereinen

Die Kellerassel ist eine recht unscheinbare, aber freundliche und – ganz im Speziellen – magische Begleiterin. Sie vereint das, was auseinander brach bzw. fügt zusammen, was zu einander gehört. Sie gehört – obwohl man das nicht vermutet – zu den Krebstieren und atmet mit Kiemen. Auch wenn sie nicht im Wasser lebt, braucht sie ein Milieu mit hoher Luftfeuchtigkeit. Sie bringt Luft und Land, sowie Feuer und Wasser zusammen. Ja, sie vermag Dinge geschehen lassen, die man nicht für möglich hält. Sie hilft Trauer zuzulassen und durch sie hindurchzugehen, und zugleich ist sie eine wahre Meisterin darin, Lust und Lebensfreude entstehen zu lassen. Sie unterstützt jeden, der sie um Rat fragt dabei, über sich hinauszuwachsen und über sich selbst und die Welt zu lachen.

Achten Sie auf alle Bilder, Gedanken, Empfindungen und Assoziationen, die beim Lesen der folgenden Sequenzen in Ihnen wahrnehmbar werden und finden Sie heraus, welcher Sinn sich daraus für Sie ablesen lässt:

Sie haben viele Gesichter – nutzen Sie diese Gabe im positiven Sinne; Ihre Persönlichkeit entwickelt sich spielend weiter; Sie können aus Altem etwas Neues entstehen lassen; lachen Sie ruhig auch einmal über sich selbst; lassen Sie die anderen ruhig auch einmal über Sie lachen – lachen Sie einfach mit; in der Mitte zu Hause; die Chancen, das Leben positiv zu gestalten oder verändern zu können, stehen sehr gut; es gibt etwas, das Sie gar nicht freut – na und? – handeln Sie! Überwinden Sie die Angst, die Sie daran hindert, das Tor zu durchschreiten; machen Sie Inventur – im Innen, wie im Außen – die Kellerassel hilft Ihnen dabei; Ihre kreative Kraft erhält einen massiven Schub – nutzen Sie diese Kraft; mit der Kellerassel an Ihrer Seite machen Sie sich das Wissen Ihrer Ahnen zugänglich; behalten Sie stets Ihren Humor – dieser ist niemals unangebracht.

Übung: Visualisieren Sie eine Kellerassel! Sehen Sie sie? Wie sieht sie aus? Welche Assoziationen entwickeln Sie ganz spontan dazu? Lassen Sie Ihrem Geist freien Lauf und beobachten Sie, wohin Sie geführt werden.

Bachstelze: Kurzimpulse von sieben Krafttieren

Die Bachstelze betritt als Botschafterin von insgesamt sieben Krafttieren Ihr persönliches Schwingungsfeld.

Achten Sie auf alle Bilder, Gedanken, Empfindungen und Assoziationen, die beim Lesen der folgenden sieben Krafttier-Kurzimpulse in Ihnen wahrnehmbar werden und finden Sie heraus, welcher Sinn sich daraus für Sie persönlich ableiten lässt!?

Sieben Krafttiere senden Ihnen folgende Impulse:

- **Bachstelze**: gute Chancen für Weiterbildung und Beruf; Zurückhaltung bringt jetzt weiter.
- **Forelle**: In Sicherheit geborgen; Verabschiedung von Ängsten; keine Zeit verschlafen.

- **Kiebitz**: Hocherhobenen Hauptes ins Licht hinausgehen; dem Leben Aufmerksamkeit schenken.

- **Meise**: Fröhlichkeit und Spiel bringen jetzt weiter; über sich selbst und andere lachen; das innere Kind nähren.

- **Pavian**: Familienmitgliedern und Freunden mit Respekt begegnen; nicht die Grenzen der anderen überschreiten; verteidigen, was Ihnen gehört.

- **Rosenkäfer**: Die Farben in allen Facetten schillern lassen; hinaus ins Licht gehen.

- **Star**: Charakter klar erkennen lassen; in der Gemeinschaft geschützt sein; das Gute auf den zweiten Blick erkennen.

Übung: Visualisieren Sie eine Bachstelze! Sehen Sie sie? Wie sieht sie aus? Welche Assoziationen entwickeln Sie ganz spontan dazu? Lassen Sie Ihrem Geist freien Lauf und beobachten Sie, wohin Sie geführt werden.

Bär – Schutz für Körper, Geist und Seele

Immer nur zu funktionieren und die eigenen Pflichten zu erfüllen kann auf Dauer nicht gut gehen. Es werden auch Pausen zum Entspannen und Regenerieren benötigt. Sie haben Ihr Bestes gegeben und sich für andere eingesetzt, doch nun tritt der Bär auf geistiger Ebene in Erscheinung und bittet Sie, ja fordert Sie regelrecht dazu heraus, sich zu schonen. Sie könnten ansonsten bald die Quittung dafür erhalten!

Achten Sie auf alle Bilder, Gedanken, Empfindungen und Assoziationen, die beim Lesen der folgenden Sequenzen in Ihnen wahrnehmbar werden und finden Sie heraus, welcher Sinn sich daraus für Sie ablesen lässt:

Schutz vor zu vielen Aufgaben um sich zu stärken; es wird Zeit, die Grenzen nach außen deutlich zu machen; liebevolles Zurückziehen stärkt auf allen Ebenen; ein Hilferuf der Seele will gehört werden; ein Wunsch dringt unaufhaltsam in das Bewusstsein und bahnt sich seinen Weg; Zeit für sich selbst; negative, fremde Einflüsse können nun abgestreift werden; der Schlüssel liegt in der Einzigartigkeit und Authentizität; eine Art Winterschlaf verhilft nun in die eigene Mitte; Zeitmanagement ist ein Thema, das angegangen werden will; eigene Wünsche, Bedürfnisse, Interessen und Talente wollen ernst genommen werden; Zeit um mehr Selbstliebe zu entwickeln; Selbstachtung und Respekt vor anderen; Geborgenheit und Sicherheit können sich einstellen.

Übung: Visualisieren Sie einen Bären! Sehen Sie ihn? Wie sieht er aus? Welche Assoziationen entwickeln Sie ganz spontan dazu? Lassen Sie Ihrem Geist freien Lauf und beobachten Sie, wohin Sie geführt werden.

Biber – Chancen und Möglichkeiten erkennen

Es ist eine Zeit gekommen, in der es sich besonders lohnen kann, mehr mit dem Herzen zu entscheiden, als sich vom Verstand regieren zu lassen. Die Kraft Ihrer Träume, die Sie an die Ziele Ihres Lebens führen möchte, entspringt der Quelle Ihres Herzens. Es wird Zeit, sich ohne Furcht und im Vertrauen, auf Ihren Seelen- und Herzensplan einzulassen. Die Zahl der sich Ihnen bietenden Chancen und Möglichkeiten ist groß. Wenn Sie diese nicht erkennen sollten, fangen Sie an, Ihrem Herzen zu folgen. Auch wenn das Mut erfordert, Sie sind auf Ihrem Weg.

Achten Sie auf alle Bilder, Gedanken, Empfindungen und Assoziationen, die beim Lesen der folgenden Sequenzen in Ihnen wahrnehmbar werden und finden Sie heraus, welcher Sinn sich daraus für Sie ablesen lässt:

Den Blick nach innen richten; eigene Interessen, Talente und Wünsche ernst nehmen; Chancen erkennen; Möglichkeiten ergreifen; Herausforderungen annehmen; bereit sein, um aus Fehlern zu lernen; bereit sein, für das Erlangen des Erfolgs; kreatives Schaffen; der Weg des Herzens kann nun beschritten werden; ein Neuanfang oder eine Umgestaltung steht an; das Leben aktiv gestalten; bei sich selbst ankommen; authentisch sein.

Übung: Visualisieren Sie einen Biber! Sehen Sie ihn? Wie sieht er aus? Welche Assoziationen entwickeln Sie ganz spontan dazu? Lassen Sie Ihrem Geist freien Lauf und beobachten Sie, wohin Sie geführt werden.

Biene – Die Kraft der Gemeinschaft
Die Biene steht Ihnen zur Seite, um Sie nun dabei zu unterstützen, alles am Laufen zu halten. Meist tritt sie nicht allein, sondern in großen Schwärmen in Erscheinung.

Gemeinsam sind wir stark! Es ist noch nicht alles geschafft und ein gutes Stück Weg gilt es noch zu gehen, bevor der Lohn für die Mühen eingelöst werden kann. Es gilt nun, sich mit anderen zusammenzutun, andere um Rat zu fragen und sich gegenseitig zu unterstützen. An das Wohl der Allgemeinheit gilt es, bei allem, was Sie tun, zu denken. Denken Sie jedoch an sich selbst, wenn es Ihre persönlichen Kräfte übersteigt oder etwas entgegen Ihren Überzeugungen steht. Bauen Sie Ihr Netzwerk weiter aus. Ihr Netz wird Sie bald sicher tragen.

Achten Sie auf alle Bilder, Gedanken, Empfindungen und Assoziationen, die beim Lesen der folgenden Sequenzen in Ihnen wahrnehmbar werden und finden Sie heraus, welcher Sinn sich daraus für Sie ablesen lässt:

Ausgleich zwischen Geben und Nehmen schaffen; Kommunikation ist alles; sexuelles Verlangen will ernstgenommen werden; nicht von anderen Abhängig machen; neue Chancen und Möglichkeiten auf beruflicher und privater Ebene; dem Leben Vertrauen schenken; viel Arbeit verlangt auch ausreichende Erholungspausen; Lebensfreude durch Leistungsfähigkeit; keine negativen Eingebungen zu Ende denken; Vergebung statt Rache; seelisches Wachstum durch erotische Erlebnisse.

Übung: Visualisieren Sie eine Biene! Sehen Sie sie? Wie sieht sie aus? Welche Assoziationen entwickeln Sie ganz spontan dazu? Lassen Sie Ihrem Geist freien Lauf und beobachten Sie, wohin Sie geführt werden.

Büffel/Bison – Stabilität und Ausdauer

Der Büffel zeigt sich, um Sie daran zu erinnern, welche Werte und Charakterstärken in Ihrem Leben nun eine besondere Rolle spielen. Es ist nun nicht gerade die Zeit um etwas komplett Neues anzufangen oder alles, was gerade nicht so richtig passt, über den Haufen zu werfen. Es braucht noch etwas Zeit, bis ein Erfolg sich einstellt. Im Moment sind eher Verlässlichkeit, Beharrlichkeit und Beständigkeit angesagt. Die Ernte bzw. der Dank dafür wird erst später erfolgen.

Achten Sie auf alle Bilder, Gedanken, Empfindungen und Assoziationen, die beim Lesen der folgenden Sequenzen in Ihnen wahrnehmbar werden und finden Sie heraus, welcher Sinn sich daraus für Sie ablesen lässt:

Weitergehen ohne etwas zu überstürzen; am Ball bleiben; für den Erfolg nun weiter durchhalten; Zuversicht ist berechtigt; eine Möglichkeit finden, etwas, das schwerfällt, zu akzeptieren; anderen Freiheit lassen; auch wenn es gerade schwierig sein sollte, es geht bald voran; nach innen schauen; es ist der richtige Weg; manchmal bringt Sturheit auch weiter; kreative Ideen lohnen sich; auf eigene Stärken bzw. Fähigkeiten besinnen.

Übung: Visualisieren Sie einen Büffel! Sehen Sie ihn? Wie sieht er aus? Welche Assoziationen entwickeln Sie ganz spontan dazu? Lassen Sie Ihrem Geist freien Lauf und beobachten Sie, wohin Sie geführt werden.

Bussard – Kraftvolle Veränderungen

Der Bussard tritt an Ihre Seite, wenn es Zeit wird, eine Wandlung zu vollziehen. Entweder muss ein Lebensabschnitt zu Ende gebracht und ein neuer begonnen werden oder es gilt einen bestehenden Veränderungsprozess weiterzuführen. Die Chancen auf allen Ebenen zu wachsen und zu mehr Lebensqualität zu finden, stehen sehr günstig. Die Zeit des Wartens kann nun sehr bald vorbei sein. Mutlosigkeit, Zweifel, Sorgen und Ängste halten das auf, was längst überfällig ist. Der Bussard hilft Ihnen die Zweifel zu besiegen und Ängste loszulassen.

Achten Sie auf alle Bilder, Gedanken, Empfindungen und Assoziationen, die beim Lesen der folgenden Sequenzen in Ihnen wahrnehmbar werden und finden Sie heraus, welcher Sinn sich daraus für Sie ablesen lässt:

Neuanfang – Neuausrichtung; dem Leben Vertrauen schenken; Mut zur Veränderung; eigene Interessen, Talente und Bedürfnisse ernst nehmen; kreative Ideen in die Welt tragen; Selbstheilungskräfte aktivieren; Sie haben die Kraft zu heilen; die anderen so nehmen, wie sie sind – keine Verurteilungen; Weitblick durch Achtsamkeit; Probleme können gelöst werden; mit Herz und Verstand richtig entscheiden; intelligent vorgehen; ein Geheimnis kann für immer bewahrt oder nun gelüftet werden.

Übung: Visualisieren Sie einen Bussard! Sehen Sie ihn? Wie sieht er aus? Welche Assoziationen entwickeln Sie ganz spontan dazu? Lassen Sie Ihrem Geist freien Lauf und beobachten Sie, wohin Sie geführt werden.

Chamäleon – Alles im Blick

Das Chamäleon hilft Ihnen jetzt auf die nächst höhere Bewusstseinsebene zu gelangen. Wenn Sie sich diesem Tier anvertrauen, werden Sie bald eine neue Phase Ihres Lebens erreichen und in dieser mit ganz neuen Augen sehen können. Sie haben alles im Blick, nichts Wichtiges kann Ihnen entgehen und egal wer sich Ihnen in den Weg stellt oder wer Sie ein Stück des Weges begleiten möchte, Sie befinden sich immer in bester Gesellschaft. Nämlich, Sie sind sich selbst immer eine gute Begleitung.

Achten Sie auf alle Bilder, Gedanken, Empfindungen und Assoziationen, die beim Lesen der folgenden Sequenzen in Ihnen wahrnehmbar werden und finden Sie heraus, welcher Sinn sich daraus für Sie ablesen lässt:

Lassen Sie sich einweihen in die Geheimnisse des Universums; schauen Sie auch hinter die Dinge; sehen Sie die Farben, in jedem Augenblick; Sie haben die Fähigkeit sich anzupassen, aber bleiben Sie sich dabei immer treu; Energien umfluten Sie, lassen Sie sich von ihnen durchdringen; Ihre Heilkraft kann sich nun entwickeln – zweifeln Sie nicht an Ihrer Fähigkeit; Sie sind in der Lage andere Menschen zu verstehen, selbst die, die sonst keiner versteht und von der Gesellschaft abgelehnt werden – nutzen Sie diese Fähigkeit; nur keine Eile, ruhen Sie sich genügend aus; ankommen im Hier und Jetzt; Chancen und Möglichkeiten sind zum Greifen nahe.

Übung: Visualisieren Sie ein Chamäleon! Sehen Sie es? Wie sieht es aus? Welche Assoziationen entwickeln Sie ganz spontan dazu? Lassen Sie Ihrem Geist freien Lauf und beobachten Sie, wohin Sie geführt werden.

Chinchilla – Aus der Dunkelheit ins Licht

Ein Chinchilla nähert sich Ihrem Schwingungsfeld. Das ist das Zeichen dafür, dass Sie Ihr wahres Licht unter dem Scheffel halten. Es geht nun darum, die eigenen Stärken, Wünsche, Bedürfnisse, Interessen und Talente ernst zu nehmen und diese in der Welt wirksam werden zu lassen. Stehen Sie zu sich selbst; zeigen Sie wer Sie sind und was Sie können. Es mag sein, dass Sie zurzeit nicht erkennen, was wirklich in Ihnen steckt. Vielleicht sind Ihre Schwächen oder das, was Sie als Schwächen ansehen, in Wahrheit Ihre Stärken. Schätzen Sie sich realistisch ein?

Achten Sie auf alle Bilder, Gedanken, Empfindungen und Assoziationen, die beim Lesen der folgenden Sequenzen in Ihnen wahrnehmbar werden und finden Sie heraus, welcher Sinn sich daraus für Sie ablesen lässt:

Hilfe ist ganz nah; eine gesunde Ernährung wirkt in höchstem Maße unterstützend; auch wenn Sie ein dickes Fell haben, zeigen Sie bitte anderen Ihre Grenzen; erotische Begegnungen; kehren Sie jetzt niemandem den Rücken zu – auch wenn das wahre Größe erfordert; verlassen Sie sich auf Ihr Bauchgefühl; in Ihrem Kopf hat sich im Laufe der Zeit viel Gerümpel angehäuft, werfen Sie alles raus, woran Sie keine Freude haben; Sie haben alles im Blick; Sie können selbst im „Dunkeln" sehen; eine Reise steht an – vielleicht in ein anderes Land oder in einem übertragenen Sinne!?

Übung: Visualisieren Sie einen Chinchilla! Sehen Sie ihn? Wie sieht er aus? Welche Assoziationen entwickeln Sie ganz spontan dazu? Lassen Sie Ihrem Geist freien Lauf und beobachten Sie, wohin Sie geführt werden.

Dachs – Selbstverantwortung bringt Heilung

Der Dachs gesellt sich an Ihre Seite, wenn es gilt, Verantwortung für die Gesundheit zu übernehmen. Nicht nur bei wirklichen Krankheiten, sondern auch bei leichtem Unwohlsein und sonstigen körperlichen Beschwerden und Wehwehchen, liegt zumeist eine seelisch-geistige Ursache zugrunde. Ignorieren Sie solche Hilferufe der Seele nicht länger. Lokalisieren Sie Ihre körperlichen Beschwerden und prüfen Sie, welche seelisch-geistigen Gründe es dafür geben könnte. Was bereitet Ihnen Unbehagen? Was liegt Ihnen auf dem Herzen? Was belastet Sie? Mit der Energie des Dachses erhalten Sie die Kraft, sich über die Seelenebene selbst zu heilen und Körper, Geist und Seele in Einklang zu bringen. Sie haben die Möglichkeit alles neu zu gestalten. In Liebe und zum Wohle aller.

Achten Sie auf alle Bilder, Gedanken, Empfindungen und Assoziationen, die beim Lesen der folgenden Sequenzen in Ihnen wahrnehmbar werden und finden Sie heraus, welcher Sinn sich daraus für Sie ablesen lässt:

Die Rettung ist ganz nahe; durch Innenschau Erkenntnisprozesse anstoßen; in Harmonie mit der seelisch-geistigen Kraft; Heilung geschieht wie von selbst; die Schatten des Lebens nicht verleugnen; Auflösung der Schatten durch Anschauen und Loslassen; Scham und Angst überwinden setzt neue Kräfte frei; in das Unterbewusstsein eintauchen – Wahrnehmungen ernst nehmen; die anderen sind nicht schuld; eigene Fähigkeiten wollen jetzt gewürdigt werden; Veränderung durch Selbstverantwortung; heilen im Einklang mit der Natur; sich selbst Vertrauen schenken.

Übung: Visualisieren Sie einen Dachs! Sehen Sie ihn? Wie sieht er aus? Welche Assoziationen entwickeln Sie ganz spontan dazu? Lassen Sie Ihrem Geist freien Lauf und beobachten Sie, wohin Sie geführt werden.

Delfin – Die pure Freude am Leben

Der Delfin taucht in Ihrem Leben auf, um Sie daran zu erinnern, dass das Leben nicht nur daraus besteht, zu arbeiten und Verpflichtungen zu erfüllen, sondern auch um es wertzuschätzen und sich daran zu erfreuen. Lebensfreude ist die Kraft, mit der Sie das Positive in Ihr Leben ziehen und die Basis für Ihre seelische, geistige und körperliche Gesundheit schaffen. Mit dem Delfin an Ihrer Seite können Sie nun lernen, mehr Achtsamkeit und Bewusstheit zu entwickeln, um das Glück und die Freude dauerhaft in Ihr Leben einzuladen. Spielen Sie mit sich, Ihren Gedanken und Ideen und probieren Sie einfach einmal etwas Neues oder sogar Verrücktes aus. Das Kind in Ihnen hat nun gute Chancen bis in Ihr Bewusstsein vorzudringen und sich Gehör zu verschaffen. Nehmen Sie es ernst und erfüllen Sie liebevoll dessen Wünsche und Bedürfnisse.

Achten Sie auf alle Bilder, Gedanken, Empfindungen und Assoziationen, die beim Lesen der folgenden Sequenzen in Ihnen wahrnehmbar werden und finden Sie heraus, welcher Sinn sich daraus für Sie ablesen lässt:

Ein Talent, ein Bedürfnis oder eine Idee, scheint fast schon vergessen zu sein und meldet sich nun um endlich ernstgenommen zu werden; Gefühle wollen gefühlt und nicht unterdrück werden; die Lösung liegt in einem oder mehreren ehrlichen Gesprächen; Harmonie und Entspannung bringen Klarheit und Gesundheit; Chancen und Möglichkeiten wollen wahrgenommen werden; eine kreative Idee will erkannt bzw. umgesetzt werden; die Weichen für ein glückliches Leben sind gestellt oder lassen sich nun neu ausrichten; Schutz durch positive Geisteshaltung; Liebe und Mitgefühl möchten verschenkt werden; Heilung durch Vergebung; Freude und Leichtigkeit sind möglich.

Übung: Visualisieren Sie einen Delfin! Sehen Sie ihn? Wie sieht er aus? Welche Assoziationen entwickeln Sie ganz spontan dazu? Lassen Sie Ihrem Geist freien Lauf und beobachten Sie, wohin Sie geführt werden.

Dinosaurier – Lebensträume reaktivieren

Wenn sich ein Dinosaurier in Ihrem Schwingungsfeld aufhält, gilt es längst vergessene Träume zu reaktivieren. Es geht um Träume, die einst so mächtig waren, dass Sie als wahres Elixier des Lebens empfunden wurden. Wie konnte es geschehen, dass sie in Vergessenheit gerieten? Was steht zwischen Ihnen und Ihren einstigen Träumen? Der Dinosaurier hat das Wissen aus längst vergangener Zeit und kann Ihnen bei der Suche und Reaktivierung Ihrer verlorenen Träume behilflich sein. Er räumt Blockaden zur Seite und es wird Ihnen möglich, die Dinge aus einer anderen Perspektive heraus zu betrachten. Zweifel können verabschiedet werden. Es gilt sich selbst zu vertrauen.

Achten Sie auf alle Bilder, Gedanken, Empfindungen und Assoziationen, die beim Lesen der folgenden Sequenzen in Ihnen wahrnehmbar werden und finden Sie heraus, welcher Sinn sich daraus für Sie ablesen lässt:

Haben Sie wirklich so viel Kraft wie Sie vorgeben zu haben? – Übernehmen Sie sich nicht; verlorengegangene Seelenanteile können zurückkehren; die Vergangenheit ist vorbei und das ist gut so, aber einiges ging in ihr verloren, das wiedergefunden werden will; nicht jede Angst muss unbedingt besiegt werden, nur die, die uns zu fest im Griff hat und uns am Leben wirklich hindert; etwas aus der Vergangenheit lässt Ihnen keine Ruhe – schauen Sie sich das noch einmal in Ruhe und in Liebe an, es ist Vergangenheit; verabschieden Sie sich von belastenden Gedanken; die Vergangenheit ist eine Lehrmeisterin – nehmen Sie ihre

Lektionen dankbar an und gestalten Sie aus diesem Erfahrungsschatz heraus eine bessere Gegenwart und Zukunft; Sie begeben sich mit dem Dinosaurier auf die nächst höhere Bewusstseinsstufe; wer Sie nicht wertschätzen kann, der ist es auch nicht wert, von Ihnen geschont zu werden; eine Person, die stärker ist als Sie, wird Ihnen weiterhelfen; spirituelle Erkenntnisse durch Wachstum auf allen Ebenen; Zeit für die Gegenwart, Zeit für das Hier und Jetzt.

Übung: Visualisieren Sie einen Dinosaurier! Sehen Sie ihn? Wie sieht er aus? Welche Assoziationen entwickeln Sie ganz spontan dazu? Lassen Sie Ihrem Geist freien Lauf und beobachten Sie, wohin Sie geführt werden.

Drache – Neue dynamische Kraft
Wilde, natürliche Kräfte brechen sich Bahn und führen in Freiheit und Veränderung. Anfängliche Verwirrung könnte sich einstellen. Sie wissen nicht wohin mit Ihrer Kraft und Ihrem Seelenfeuer. Die Möglichkeiten sind zum Greifen nahe und das Zögern, sich dem Feuer hinzugeben, lässt nach. Es dauert nicht mehr lange und Sie können Ihre brennenden Wünsche Wirklichkeit werden lassen.

Achten Sie auf alle Bilder, Gedanken, Empfindungen und Assoziationen, die beim Lesen der folgenden Sequenzen in Ihnen wahrnehmbar werden und finden Sie heraus, welcher Sinn sich daraus für Sie ablesen lässt:

Den eigenen Wünschen gerecht werden; noch eine kurze Weile und der Sprung wird möglich; dynamische Kräfte stehen dem Ziel zur Verfügung; ein Neuanfang wird fällig; eigene Stärken weisen den Weg; Verstand und Herz zusammenführen; die Magie des Lebens will wiederentdeckt werden; Ihre Schöpferkraft hat unglaubliches Potenzial; Wachstum auf spiritueller Ebene; kreative Ideen werden erfolgreich sein.

Übung: Visualisieren Sie einen Drachen! Sehen Sie ihn? Wie sieht er aus? Welche Assoziationen entwickeln Sie ganz spontan dazu? Lassen Sie Ihrem Geist freien Lauf und beobachten Sie, wohin Sie geführt werden.

Eichhörnchen – In Liebe und zum Wohle aller

Die Zeit ist günstig, sich von alten belastenden Wertvorstellungen, Angewohnheiten und Verpflichtungen zu verabschieden. Die Leichtigkeit möchte in Ihr Leben kommen. Öffnen Sie Ihr Herz und lassen Sie den ganzen alten Ballast los. Sie brauchen ihn nicht mehr. Erfinden Sie ein Ritual, mit dem Sie alles, was Sie nicht mehr brauchen, aus Ihrem Leben entlassen. Ein Beispiel könnte sein: Schreiben Sie alles, was Sie an Ängsten, Zweifeln, Sorgen und belastenden Dingen loswerden möchten, auf einen Zettel. Lesen Sie den Zettel anschließend mehrmals langsam Wort für Wort durch. Derweil Sie das tun, seien Sie mit Ihrer Aufmerksamkeit ganz bei der Sache. Werden Sie sich darüber bewusst, dass Sie das, was Sie aufschreiben, abgeben möchten und verabschieden werden. Dann vernichten Sie den Zettel und denken nicht mehr darüber nach. WICHTIG: Nachdem Sie das getan haben, sagen Sie die

Formel: „In Liebe und zum Wohle aller". Imaginieren Sie gegebenenfalls Ihr Ritual einige Tage lang immer wieder einmal und beenden Sie dieses Vorgehen jedes Mal wieder mit dieser Formel.

Achten Sie auf alle Bilder, Gedanken, Empfindungen und Assoziationen, die beim Lesen der folgenden Sequenzen in Ihnen wahrnehmbar werden und finden Sie heraus, welcher Sinn sich daraus für Sie ablesen lässt:

Das Herz öffnen – für alles und jeden; in Liebe mit allem Verbunden; Verabschiedung der Vergangenheit; beflügelnde neue Energien stehen zum Abruf bereit; Achtsamkeit im Augenblick – leben im Hier und Jetzt; Chancen und Möglichkeiten nicht verpassen; Mut zahlt sich aus; mit der Zeit gehen – nicht an Altem festhalten; gut geplant ist halb gewonnen; aus dem eigenen Erfahrungsschatz (Vorrat an Erfahrungen) schöpfen; neue Ideen drängen ins Bewusstsein – achten Sie auf diese.

Übung: Visualisieren Sie ein Eichhörnchen! Sehen Sie es? Wie sieht es aus? Welche Assoziationen entwickeln Sie ganz spontan dazu? Lassen Sie Ihrem Geist freien Lauf und beobachten Sie, wohin Sie geführt werden.

Eidechse – Eine Auszeit zur Regeneration
Eine Zeit, in der Sie neue Schritte ausprobiert oder Veränderungen vorbereitet bzw. in Erwägung gezogen haben, liegt gerade hinter Ihnen. Nun ist es an der Zeit, die nötigen Kräfte für alle weiteren Schritte zu sammeln und sich

eine Zeit lang Ruhe zu gönnen. Das, was Sie in absehbarer Zeit tun werden, braucht Ihre volle Konzentration und Kraft. Lassen Sie nun erst einmal alles, was Sie in der letzten Zeit erfahren oder gelernt haben, in sich nachwirken. Alte Wunden können nun heilen und blockierender Seelenschmerz verabschiedet werden. Nehmen Sie ein wenig Abstand um dann mit strotzender Kraft und geballter Energie Ihre Vorhaben zu verwirklichen.

Achten Sie auf alle Bilder, Gedanken, Empfindungen und Assoziationen, die beim Lesen der folgenden Sequenzen in Ihnen wahrnehmbar werden und finden Sie heraus, welcher Sinn sich daraus für Sie ablesen lässt:

Zeit um sich selbst mehr wertzuschätzen und zu lieben; Heilung kann durch Selbstvertrauen stattfinden; keine Zeit für Zweifel; das innere Feuer will endlich brennen dürfen; etwas, das immer versteckt gehalten wird, will ins Licht getragen werden; seelisch-geistige Verbindung zum Universalbewusstsein; Pausen werden überlebenswichtig; neue Einsichten; Verzeihen; Toleranz; Empathie; Kritik verursacht keine Schmerzen; eine bedeutende Chance, eine Wandlung oder ein Neuanfang kündigt sich an; der nächste Schritt steht erst an, wenn die Kraft dafür wieder vorhanden ist; spirituelle Wahrnehmungsfähigkeit ermöglicht Herzensweisheit; Selbstvertrauen ist der Schlüssel.

Übung: Visualisieren Sie eine Eidechse! Sehen Sie sie? Wie sieht sie aus? Welche Assoziationen entwickeln Sie ganz spontan dazu? Lassen Sie Ihrem Geist freien Lauf und beobachten Sie, wohin Sie geführt werden.

Einhorn – Wahrhaftigkeit und Wandlung

Wandlung ist der Schlüssel zum Glück. Das Einhorn zeigt sich Ihnen, um Sie wieder auf Ihren eigenen Weg zurückzuführen. Es wird höchste Zeit zu prüfen, was in Ihrem Leben nicht so läuft, wie es Ihren Wünschen und Ihrer wahren Natur entspricht. Wo sagen Sie ja, obwohl Sie lieber nein sagen würden? Was hält Sie fest? Was hindert Sie daran, das zu tun, wofür Sie sich berufen fühlen? Wie weit sind Sie von dem abgetrennt, was Sie tief im Inneren spüren? Können Sie es noch spüren? Es wird Zeit den Weg der Veränderung anzutreten und sich zu befreien!

Achten Sie auf alle Bilder, Gedanken, Empfindungen und Assoziationen, die beim Lesen der folgenden Sequenzen in Ihnen wahrnehmbar werden und finden Sie heraus, welcher Sinn sich daraus für Sie ablesen lässt:

Die Heimat finden; zurück zum Ursprung; die Seelenkraft zum Leben erwecken; bedingungslos und schonungslos die eigene Wahrheit erkennen; sich selbst treu bleiben; die Seele braucht Streicheleinheiten, geben Sie ihr diese; manche Freunde gehen, manche bleiben, neue Freunde möchten einen Platz finden; Altes kann in einem neuen Licht erstrahlen; Herzensweisheit und Verstand zusammenbringen; eine Wandlung bringt Segen für Sie selbst und andere; die wahre Lebensmission will erkannt und in die Welt getragen werden.

Übung: Visualisieren Sie ein Einhorn! Sehen Sie es? Wie sieht es aus? Welche Assoziationen entwickeln Sie ganz spontan dazu? Lassen Sie Ihrem Geist freien Lauf und beobachten Sie, wohin Sie geführt werden.

Elch – Beste Ergebnisse

Der Elch verbindet sich auf der Seelenebene mit Ihnen. Er will Sie darüber in Kenntnis setzen, dass das, was Sie an Ideen, Zeit und Energie in Ihre Pläne investiert haben, nun bald zu einem ausgezeichneten Ergebnis bzw. Erfolg führen kann. Verlassen Sie sich auf Ihr Können und Ihre Werte. Nun heißt es das, was Sie sich vorgenommen haben, auch selbstverantwortlich und beharrlich durchzusetzen.

Achten Sie auf alle Bilder, Gedanken, Empfindungen und Assoziationen, die beim Lesen der folgenden Sequenzen in Ihnen wahrnehmbar werden und finden Sie heraus, welcher Sinn sich daraus für Sie ablesen lässt:

Sie haben etwas dazugelernt – denken Sie immer daran; zeigen Sie sich – seien Sie authentisch; Sie werden sicher auf Ihrem Weg begleitet; verbinden Sie sich mit Ihrer göttlichen Quelle und Sie werden geführt; das Ziel ist in Sicht; Herzensweisheit zu Rate ziehen; nichts überstürzen – achtsam vorgehen; Entscheidungen stehen an; Lösungen für Probleme können gefunden werden; die Lebenssituation wird sich stabilisieren; Vertrauen ins Leben fassen und mutig voranschreiten; Lebensfreude ist der Schlüssel zur Heilung; sich vom Licht durchfluten lassen.

Übung: Visualisieren Sie einen Elch! Sehen Sie ihn? Wie sieht er aus? Welche Assoziationen entwickeln Sie ganz spontan dazu? Lassen Sie Ihrem Geist freien Lauf und beobachten Sie, wohin Sie geführt werden.

Elefant – Wahre Lebensweisheit

Ihr Weg ebnet sich nun bald. Schwierigkeiten werden zuerst weniger und lösen sich danach ganz auf. Der Elefant lässt Sie teilhaben an seiner Jahrtausende alten Lebensweisheit, welche sich durch Öffnung für das Spirituelle in Ihrem Bewusstsein einfinden wird. Sie kommen Ihrem Ziel nun bald sehr nahe und werden schließlich erfolgreich sein. Eine neue stabile Phase Ihres Lebens bahnt sich an.

Achten Sie auf alle Bilder, Gedanken, Empfindungen und Assoziationen, die beim Lesen der folgenden Sequenzen in Ihnen wahrnehmbar werden und finden Sie heraus, welcher Sinn sich daraus für Sie ablesen lässt:

Bewunderung von außen findet statt; Lösung von Problemen durch liebevolle, weise Entscheidung; positive Entwicklungen auf allen Ebenen; Mitgefühl und Nachsicht vermehren innere Stärke; Ausgeglichenheit und Gelassenheit stellen sich ein; bei sich selbst ankommen und anderen vergeben; geistiges und seelisches Wachstum bringen den Frieden; ankommen in der Gegenwart; Verabschiedung von Vergangenheit; sichere Führung durch spirituelle Verbindung; Liebe ist der Schlüssel.

Übung: Visualisieren Sie einen Elefanten! Sehen Sie ihn? Wie sieht er aus? Welche Assoziationen entwickeln Sie ganz spontan dazu? Lassen Sie Ihrem Geist freien Lauf und beobachten Sie, wohin Sie geführt werden.

Elster – Das innere Feuer brennen lassen

Ihre Intelligenz wird Sie nicht im Stich lassen, denn durch die Elster in Ihrem Schwingungsfeld, ist es kaum möglich, Ihnen etwas vorzumachen. List und Tücke durchschauen Sie jetzt ganz leicht und lassen diejenigen, die Ihnen eine Grube graben wollen, selbst hineinfallen. So wie die Elster sich von allem angezogen fühlt, was glänzt und funkelt, so fühlen Sie sich von einem inneren Feuer angezogen, das Sie endlich entfachen möchten. Nur wenig, womit die Elster ihr Nest schmückt, ist wirklich aus Gold und Silber. Plastik- oder Alufolie glänzen genauso schön. Nicht alle Feuer, die in Ihnen brennen, sind für die WELT von großer Bedeutung. Doch wenn Sie sich erlauben, sie aufflammen zu lassen, erfüllt SIE jedes von ihnen mit großer Freude. Und Freude ist der Schlüssel, der Sie auf IHREM Weg weiterbringt.

Achten Sie auf alle Bilder, Gedanken, Empfindungen und Assoziationen, die beim Lesen der folgenden Sequenzen in Ihnen wahrnehmbar werden und finden Sie heraus, welcher Sinn sich daraus für Sie ablesen lässt:

Nicht das Wort, sondern die Absicht hinter dem Wort zählt; lassen Sie Ihre Welt in Ihrem eigenen Glanz erstrahlen; es ist nicht alles Gold, was glänzt; was sind Ihre Wünsche? Wie erreichen Sie diese? Ist Blech wirklich weniger wert als Gold? Befreiung von altem Ballast; Entrümpelung der Seele; Ihre wahre Größe kann bald für alle sichtbar werden; Engagement für Umwelt und Natur; das Herz öffnen; mit dem Universum in Kontakt; seelisch-geistiges Wachstum findet statt.

Übung: Visualisieren Sie eine Elster! Sehen Sie sie? Wie sieht sie aus? Welche Assoziationen entwickeln Sie ganz spontan dazu? Lassen Sie Ihrem Geist freien Lauf und beobachten Sie, wohin Sie geführt werden.

Ente – Wärme des Herzens

Die Ente gesellt sich an Ihre Seite, wenn es Zeit ist, das Herz zu weiten. Die Wärme Ihres Herzens können Sie nun über die Verbindung zur Ente derart intensivieren, dass Sie damit alles und jeden erreichen. Ihre Herzensweisheit wächst und lässt „Wunder" geschehen. Alles Wissen für Ihren eigenen Weg liegt bereits in Ihnen. Mit Intuition und Selbstvertrauen wird sogar das Unmögliche möglich. Verteilen Sie großzügig und verschwenderisch Ihre wärmende Liebe.

Achten Sie auf alle Bilder, Gedanken, Empfindungen und Assoziationen, die beim Lesen der folgenden Sequenzen in Ihnen wahrnehmbar werden und finden Sie heraus, welcher Sinn sich daraus für Sie ablesen lässt:

Die Wärme des Herzens verströmen lassen; Liebe kennt keine Bedingungen; die Weisheit des Herzens wächst; das

GROSSE GANZE verstehen; bitte nicht mehr versuchen, es allen recht zu machen; andere dürfen ihre eigenen Meinungen haben; Ihre wärmende Herzensquelle kann niemals versiegen; mit etwas Geduld wird etwas Wunderbares geschehen; Toleranz und Empathie sind die Schlüssel; eigene Fähigkeiten wollen jetzt gewürdigt werden; Freundschaften, die Ihnen wichtig sind, verstärkt pflegen; den Weg des Herzens gehen; stehen Sie zu Ihren eigenen Wahrheiten.

Übung: Visualisieren Sie eine Ente! Sehen Sie sie? Wie sieht sie aus? Welche Assoziationen entwickeln Sie ganz spontan dazu? Lassen Sie Ihrem Geist freien Lauf und beobachten Sie, wohin Sie geführt werden.

Erdmännchen – Familie und Freundschaft

Das Erdmännchen ist ein liebevoller Bote, der sich immer dann zeigt, wenn es um familiäre bzw. freundschaftliche Angelegenheiten geht. Nicht immer sind wir mit dem, was nahestehende Menschen tun oder von uns verlangen, einverstanden. Jedoch gilt es, gegenüber unseren Familienmitgliedern und Freunden, fair zu bleiben und deren Wünsche und Wahrheiten zu respektieren. Umgekehrt möchten Sie selbst so angenommen werden, wie Sie nun einmal sind. Das Erdmännchen fordert Sie auf, nahestehenden Personen mit Liebe zu begegnen, auch dort, wo es Ihnen schwer fällt.

Achten Sie auf alle Bilder, Gedanken, Empfindungen und Assoziationen, die beim Lesen der folgenden Sequenzen in

Ihnen wahrnehmbar werden und finden Sie heraus, welcher Sinn sich daraus für Sie ablesen lässt:

Zeit für zärtliche Berührungen; ein innerer Veränderungsprozess zeigt sich auch im Außen; die Wahrheit kennt eher der Bauch als der Verstand; Ihre klare Sicht auf die Dinge kann zurzeit etwas eingeschränkt sein – finden Sie heraus warum! Sie hören manchmal nicht wirklich zu, wenn Ihnen jemand etwas erzählt – finden Sie heraus warum! Ist in Ihrer Sexualität alles in Ordnung – oder bleiben Wünsche unerfüllt? Lehnen Sie sich nicht zu weit aus dem Fenster, falls Sie gerade an einer neuen Idee arbeiten, erzählen Sie nicht gleich jedem davon; manchmal lohnt es sich eben doch, genau zuzuhören; nehmen Sie Ihren Platz in Ihrem Wirkungskreis ein; Zeit für Geselligkeit und Lebensfreude; Rückzug und Innenschau führen zurück ins Gleichgewicht.

Übung: Visualisieren Sie ein Erdmännchen! Sehen Sie es? Wie sieht es aus? Welche Assoziationen entwickeln Sie ganz spontan dazu? Lassen Sie Ihrem Geist freien Lauf und beobachten Sie, wohin Sie geführt werden.

Esel – Verabschiedung von alten Lasten

Der Esel gesellt sich an Ihre Seite, weil Sie gerade nicht in der Lage sind, neue Chancen und Möglichkeiten zu sehen, obwohl diese in Hülle und Fülle vorhanden sind. Er hilft Ihnen dabei, die Scheuklappen abzulegen und alte, festgefahrene Denk- und Verhaltensmuster zu hinterfragen und zu einem gewissen Anteil über Bord zu werfen. Ja, Sie möchten einen eigenen Weg gehen, und ja, das sollen Sie auch. Jedoch ist manche Kritik der Schlüssel um über den eigenen Schatten zu springen. Und manches Hindernis birgt einen höheren Sinn. Wenn es nicht dort entlang geht, wo Sie wollen, suchen Sie die Chance, die darin liegt und ergeben Sie sich. Lassen Sie los und probieren Sie es auf eine andere Art und Weise.

Achten Sie auf alle Bilder, Gedanken, Empfindungen und Assoziationen, die beim Lesen der folgenden Sequenzen in Ihnen wahrnehmbar werden und finden Sie heraus, welcher Sinn sich daraus für Sie ablesen lässt:

Neue Chancen und Möglichkeiten sind zum Greifen nahe; Gewohnheiten überprüfen; alten Ballast abwerfen; Herz öffnen um Instinkt neu auszurichten; alles geschieht zu Ihrem Besten; trotz allem bitte nicht beirren lassen und sich treu bleiben; der Esel als Spiegelbild – was sagt es Ihnen? Sie haben ungeahnte Kräfte – jedoch überanstrengen Sie sich nicht; Unannehmlichkeiten erweisen sich als Chance; Zeit für eine ausgiebige Innenschau und für klare Entscheidungen; jetzt besser nicht mit dem Kopf durch die Wand laufen; geben Sie sich mit neuem Mut und Vertrauen Ihrem Leben hin; vertrauen Sie sich und der göttlichen Führung; Sie werden Ihr Ziel erreichen.

Übung: Visualisieren Sie einen Esel! Sehen Sie ihn? Wie sieht er aus? Welche Assoziationen entwickeln Sie ganz spontan dazu? Lassen Sie Ihrem Geist freien Lauf und beobachten Sie, wohin Sie geführt werden.

Eule – Die große Einweihung

Licht will ins Dunkle gebracht werden. Die Eule ist nun für Sie in der „Geistigen Welt" erreichbar. Im übertragenen Sinne, versetzt sie Sie in die Lage, im Dunkeln zu sehen und der Dunkelheit ihren Schrecken zu nehmen. Die Lösungen für derzeitige Probleme können Sie nun finden, indem Sie Ihre eigenen Schattenseiten betrachten und gewisse festgefahrene Wertvorstellungen neu überdenken. Prüfen Sie, welche Werte wirklich für Sie persönlich wichtig sind und welche Sie nur von anderen übernommen haben. Gestatten Sie anderen, eigene Wertvorstellungen zu haben. Ihre Wahrheit ist Ihre Wahrheit. Die Wahrheit eines anderen mag nicht Ihre Wahrheit sein, jedoch hat sie genauso ihre Berechtigung. Ein Geheimnis will nicht länger gewahrt werden. Der erste Schritt in eine neue wundervolle Zukunft kann nach Verabschiedung von negativem Denken und festgefahrenen Verhaltens- und Denkstrukturen gewagt werden.

Achten Sie auf alle Bilder, Gedanken, Empfindungen und Assoziationen, die beim Lesen der folgenden Sequenzen in Ihnen wahrnehmbar werden und finden Sie heraus, welcher Sinn sich daraus für Sie ablesen lässt:

Etwas, das Unheimlich anmutet, stellt sich als heilvoll heraus; die Wiederholung von Fehlern sollte der Vergangenheit angehören; die Zeit ist reif für Lösungen – Wertvorstellungen sorgfältig überprüfen; nichts geschieht ohne Grund – was gilt es zu lernen? Ja sagen, zu dem, was aus Gewohnheit verneint wurde; Schatten können entlarvt werden – Blick in die Dunkelheit; nicht weglaufen – es ist Zeit zu den eigenen Bedürfnissen zu stehen; das Tor zur „Geistigen Welt" tut sich auf – wahres Potenzial will freigelegt werden; die Kraft des Unterbewusstseins wird geweckt und dauerhaft gestärkt; Führung aus der „Geistigen Welt" ist jetzt möglich; etwas, das blockiert, will endlich erkannt und aufgelöst werden; Platz für etwas Neues wird benötigt – etwas Altes sollte losgelassen werden; die eigene Gabe kann nun entfesselt und in die Welt getragen werden.

Übung: Visualisieren Sie eine Eule! Sehen Sie sie? Wie sieht sie aus? Welche Assoziationen entwickeln Sie ganz spontan dazu? Lassen Sie Ihrem Geist freien Lauf und beobachten Sie, wohin Sie geführt werden.

Falke – Spirituelle Weitsicht
Der Falke hält sich in Ihrer unmittelbaren Nähe auf, wenn es gilt, Bewusstheit weiterhin wachsen zu lassen. Begeben Sie sich auf Ihren spirituellen Weg, denn Sie erhalten nun wertvolle Unterstützung aus der „Geistigen Welt". Der Falke versetzt Sie in die Lage, über sich hinaus zu wachsen. Es wird möglich, in viel tiefere Ebenen des Bewusstseins hervorzudringen und Ihr Leben und dessen Sinn klarer wahrzunehmen als je zuvor. Ein Neuanfang oder ein erfolgreiches Weiterkommen wird möglich.

Achten Sie auf alle Bilder, Gedanken, Empfindungen und Assoziationen, die beim Lesen der folgenden Sequenzen in

Ihnen wahrnehmbar werden und finden Sie heraus, welcher Sinn sich daraus für Sie ablesen lässt:

Geheimste Wünsche drängen nach Erfüllung; Selbstvertrauen und Selbstliebe führen zum Ziel; etwas nimmt einen positiven Verlauf; zwischen den Zeilen lesen; Sie kennen die Wahrheit; einen Rat oder die Hilfe eines anderen annehmen; es ist Ihr Leben – Sie können es nicht jedem recht machen; lassen Sie sich ein, auf das Neue; in Kontakt mit der „Geistigen Welt"; es gibt etwas, das Sie loswerden möchten – was hindert Sie? Was bringt Sie jetzt weiter? Wo verschwenden Sie nur Energie? Handeln Sie in Liebe und zum Wohle aller, dann werden Sie Erfolg haben; begeben Sie sich ins Licht – zeigen Sie Ihre Farben; neue Chancen und Möglichkeiten wollen erkannt werden.

Übung: Visualisieren Sie einen Falken! Sehen Sie ihn? Wie sieht er aus? Welche Assoziationen entwickeln Sie ganz spontan dazu? Lassen Sie Ihrem Geist freien Lauf und beobachten Sie, wohin Sie geführt werden.

Fasan – Innere Schönheit und Größe

Wenn der Fasan in Ihrem Schwingungsfeld auftaucht, gilt es, die eigene Schönheit und innere Größe zu erkennen. Dieses Erkennen ist unabhängig von Bestätigung von außen. Anerkennung von außen ist etwas Wunderbares. Aber solange Sie von dieser Form der Anerkennung abhängig sind, verweigern Sie sich selbst der Anerkennung, die Ihnen gebührt. Seien Sie sich darüber bewusst, dass Sie – so wie Sie sind – bereits voller Schönheit und Größe sind. Sie können das nicht von der Meinung der anderen abhängig machen, denn die anderen werden immer verschiedener Meinung sein. Sie werden niemals alle überzeugen. Also vertrauen Sie sich von Anfang an lieber selbst.

Achten Sie auf alle Bilder, Gedanken, Empfindungen und Assoziationen, die beim Lesen der folgenden Sequenzen in Ihnen wahrnehmbar werden und finden Sie heraus, welcher Sinn sich daraus für Sie ablesen lässt:

Eigene Fähigkeiten und Anlagen anerkennen und würdigen; die wahre Schönheit und Größe im Innen spüren und im Außen sichtbar machen; eine Zeit der Fruchtbarkeit bricht an – das kann auch bedeuten, dass Sie fruchtbare Ideen haben werden; kreative Ideen führen in den Erfolg; in Sicherheit geborgen; gut behütet; den äußeren Schein durchschauen; folgen Sie Ihrem Herzen, es führt Sie sicher; neue inspirierende Freundschaften können entstehen; frische Energie steht reichlich zur Verfügung; Vorhaben werden gelingen.

Übung: Visualisieren Sie einen Fasan! Sehen Sie ihn? Wie sieht er aus? Welche Assoziationen entwickeln Sie ganz spontan dazu? Lassen Sie Ihrem Geist freien Lauf und beobachten Sie, wohin Sie geführt werden.

Feuersalamander – Heilung auf allen Ebenen
Licht und Feuer auf allen Ebenen. Die Seele und der Geist verlangen nach Helligkeit, nach Licht und Feuer, um die Weisheit des Herzens zu entfachen. Entfesseln Sie nun

Ihre Wünsche und Bedürfnisse. Sie tragen diese nicht in sich, um sie zu verbergen. Lassen Sie sie im hellsten Licht erstrahlen und geben Sie alten Ballast ab. Entfachen Sie ein geistiges Feuer in dem Sie alles verbrennen, was Sie belastet oder was Sie einfach nicht mehr brauchen können. Es steht eine neue Zeit bevor. Verbinden Sie sich mit dem göttlichen Licht, lassen Sie es überall in Ihnen und um Sie herum erstrahlen. Es reinigt und klärt Körper, Geist und Seele!

Achten Sie auf alle Bilder, Gedanken, Empfindungen und Assoziationen, die beim Lesen der folgenden Sequenzen in Ihnen wahrnehmbar werden und finden Sie heraus, welcher Sinn sich daraus für Sie ablesen lässt:

Kreative Energie lodert auf und will entfacht werden; Licht erhellt das Dunkel; das innere Feuer will sich ausbreiten dürfen; der Weisheit des Herzens vertrauen; Eigenverantwortung ist der Schlüssel zum Glück; Respekt vor der Wahrheit anderer; Verbindung zur göttlichen Kraft intensivieren; Regeneration bringt neue Inspiration; uneingeschränktes Vergeben heilt die Seele; Loslassen bringt Heilung; ein Ausflug in die „Geistige Welt" bringt eine Antwort.

Übung: Visualisieren Sie einen Feuersalamander! Sehen Sie ihn? Wie sieht er aus? Welche Assoziationen entwickeln Sie ganz spontan dazu? Lassen Sie Ihrem Geist freien Lauf und beobachten Sie, wohin Sie geführt werden.

Fisch – Intuitiv das Richtige tun

Den Dingen, Gegebenheiten und Situationen kann jeweils ein tieferer Sinn entnommen werden. Nichts geschieht ohne Sinn. Eine richtungsweisende Botschaft will erkannt werden. Neue Chancen und Möglichkeiten sind zum Greifen nah. Der Fisch hilft dabei, auf die eigene seelisch-geistige Wahrnehmung zu vertrauen, um intuitiv die richtigen Entscheidungen treffen zu können. Es lohnt sich, zu meditieren, sich zu sammeln, in die eigene Mitte zu finden, um die eigene innere Stimme klar und deutlich wahrzunehmen. Die Lösungen liegen im Herzen und auch wenn sie manchmal recht leise sind, vermag man sie zu hören!

Achten Sie auf alle Bilder, Gedanken, Empfindungen und Assoziationen, die beim Lesen der folgenden Sequenzen in Ihnen wahrnehmbar werden und finden Sie heraus, welcher Sinn sich daraus für Sie ablesen lässt:

Verwirrung der Gefühle; mehrere Anläufe führen letztlich zum Ziel; Einfluss eines oder mehrerer Störfaktoren; eine Verliebtheit oder Zuneigung ist aus einem gewissen Abstand heraus zu betrachten, um dabei niemanden zu verletzen; Möglichkeit, das Innen mit dem Außen in Einklang zu bringen; der inneren Stimme lauschen und dem Bauchgefühl vertrauen; für Ruhe, Regeneration und Entspannung sorgen; andere dürfen die eigenen Entscheidungen für ihr Leben treffen; Herzensweisheit bringt die alles klärende Entscheidung; Liebe nicht festhalten, sondern frei fließen lassen.

Übung: Visualisieren Sie einen Fisch! Sehen Sie ihn? Wie sieht er aus? Welche Assoziationen entwickeln Sie ganz spontan dazu? Lassen Sie Ihrem Geist freien Lauf und beobachten Sie, wohin Sie geführt werden.

Flamingo – Das zarte, reine Innere

Dass es nun Zeit ist, auch Verletzung, Scham und Kummer als existent anzuerkennen und nicht so zu tun, als wären Sie immer nur der Fels in der Brandung, zeigt Ihnen der Flamingo an. Stehen Sie dazu, dass Sie sich auch einmal verletzt fühlen können. Sprechen Sie offen und ehrlich aus, worüber Sie sich sorgen oder wo Sie Ihre Scham nicht überwinden können. Geben Sie zu, dass Sie nicht perfekt sind. Werden Sie sich ganz nebenbei darüber klar, dass Kummer und Sorgen oft hausgemacht sind. Wenn Sie sich durch Worte oder Handlungen anderer verletzt fühlen, haben die anderen daran meist gar keine Schuld. Es kommt darauf an, was Sie daraus machen. Geben Sie sich dem befreienden Gefühl hin, sich den anderen so zu zeigen, wie Sie sind. Unverfälscht und ungeschminkt und Sie werden die Reinheit in Ihrem Herzen spüren.

Achten Sie auf alle Bilder, Gedanken, Empfindungen und Assoziationen, die beim Lesen der folgenden Sequenzen in Ihnen wahrnehmbar werden und finden Sie heraus, welcher Sinn sich daraus für Sie ablesen lässt:

Zeit für Meditation und Innenschau; inneres Gleichgewicht herstellen; tief verwoben mit dem Kosmos; starke spirituelle Verbindung; den Platz in der Gemeinschaft ein-

nehmen; Sie sind sensitiver als viele andere Menschen –
hellwissend, hellsehend …; Sie stehen selbst auf einem
Bein noch fest im Leben; Sie verlieren nicht so leicht das
Gleichgewicht; die, die anderer Meinung sind, haben ein
Recht anders zu denken; es fällt Ihnen leicht andere so zu
respektieren, wie sie sind; seelisch-geistiges Wachstum findet statt; Sie finden zur Reinheit Ihres Herzens.

Übung: Visualisieren Sie einen Flamingo! Sehen Sie ihn?
Wie sieht er aus? Welche Assoziationen entwickeln Sie
ganz spontan dazu? Lassen Sie Ihrem Geist freien Lauf
und beobachten Sie, wohin Sie geführt werden.

Fledermaus – Starke spirituelle Fähigkeiten
Eine neue Kraft wird freigesetzt. Ein Rückzug am Tage
und ein Leben in der Nacht. Oder eine Veränderung im
Leben. Oder eine Wandlung im Bewusstsein. Irgendein
innerer Drang ist es, der Sie herausfordert! Die Fledermaus hilft Ihnen jetzt dabei, Licht ins Dunkle zu bringen.
Machen Sie die Augen zu, dann sehen Sie klar. Begeben
Sie sich dorthin, wo Ihre Wünsche sind. Spüren Sie hinein!
Vergessen Sie Scheu, Angst, Moral und Zweifel. Was Sie
in Ihrem Herzen wahrnehmen, ist es wert, geschätzt zu
werden. Auch wenn die Erwartungen der anderen, andere
sind!

Achten Sie auf alle Bilder, Gedanken, Empfindungen und
Assoziationen, die beim Lesen der folgenden Sequenzen in
Ihnen wahrnehmbar werden und finden Sie heraus, wel-
cher Sinn sich daraus für Sie ablesen lässt:

Alles liegt in Ihnen selbst; Vergebung wirkt Wunder; mit dem Herzen sehen; es ist soweit – Neuland tut sich auf; eine Wahrheit liegt dort, wo sie nicht vermutet wird; erhöhte spirituelle Wahrnehmungsfähigkeit; im Alleinsein Kraft schöpfen; in der Gemeinschaft lieben und leben; etwas Ungewöhnliches bringt Freude ins Leben; die Seele weiß, wo es lang geht; Mut zur Veränderung; vertrauen Sie Ihrer Intuition.

Übung: Visualisieren Sie eine Fledermaus! Sehen Sie sie? Wie sieht sie aus? Welche Assoziationen entwickeln Sie ganz spontan dazu? Lassen Sie Ihrem Geist freien Lauf und beobachten Sie, wohin Sie geführt werden.

Fliege: Kurzimpulse von sieben Krafttieren
Die Fliege betritt als Botschafterin von insgesamt sieben Krafttieren Ihr persönliches Schwingungsfeld.

Achten Sie auf alle Bilder, Gedanken, Empfindungen und Assoziationen, die beim Lesen der folgenden sieben Kraft-tier-Kurzimpulse in Ihnen wahrnehmbar werden und finden Sie heraus, welcher Sinn sich daraus für Sie persönlich ablesen lässt!?

Sieben Krafttiere senden Ihnen folgende Impulse:

- **Fliege**: Auf die Grenzen der Belastbarkeit achten; störende Einflüsse beseitigen; zum Manipulieren gehören immer zwei – nicht manipulieren lassen.

- **Amsel**: Öffnung für das Spirituelle; Eintritt in eine andere Welt wird möglich; Erinnerung an alte Zeiten; Harmonie kann wieder hergestellt werden.
- **Gämse**: Herausfinden, wie es nach oben geht; einen Erfolg erreichen; ein Aufsteigen wird möglich.
- **Karpfen**: Überwindung von Hürden; Wachstum durch Meisterung von Aufgaben; ein Sieg wird möglich.
- **Rebhuhn**: Eine Erkenntnis wird Richtungsweisend; weibliches Vorgehen; Zurückhaltung; auf etwas sensibel reagieren – Mitgefühl zeigen.
- **Rotkehlchen**: Verabschiedung; Gang durch eine schwere Zeit; Neuanfang; Liebe und Freude warten.
- **Wiesel**: Schnell handeln; schnelle Veränderung.

Übung: Visualisieren Sie eine Fliege! Sehen Sie sie? Wie sieht sie aus? Welche Assoziationen entwickeln Sie ganz spontan dazu? Lassen Sie Ihrem Geist freien Lauf und beobachten Sie, wohin Sie geführt werden.

Frettchen – Überzeugungen sortieren

Das Frettchen/der Marder taucht in Ihrem Energiefeld auf, um Sie einerseits darin zu bestärken, Ihre Unabhängigkeit und Ihr Anderssein zu bewahren und andererseits, festgefahrene Verhaltens- und Gedankenmuster zu hinterfragen und gegebenenfalls über Bord zu werfen. Es gilt zu unterscheiden, zwischen dem, was wirklich sinnvoll ist und jenem, was nur sinnvoll scheint. Ist es eine eigene Überzeugung oder ist die Überzeugung anerzogen? Nicht alles, was uns unsere Eltern und andere Vorbilder beigebracht haben, ist aus unserer eigenen Sicht vertretbar. Sich das einzugestehen, erfordert ein hohes Maß an Bewusstheit und Selbstliebe. Das Frettchen/der Marder hilft Ihnen das zu verstehen.

Achten Sie auf alle Bilder, Gedanken, Empfindungen und Assoziationen, die beim Lesen der folgenden Sequenzen in Ihnen wahrnehmbar werden und finden Sie heraus, welcher Sinn sich daraus für Sie ablesen lässt:

Lassen Sie sich bewundern für Kühnheit und Wendigkeit; Sie haben einen starken Willen und eine große Persönlichkeit; das Frettchen/der Marder fordert Sie auf, sich zu befreien und Ihre Seelenkraft zu entfesseln; eine Botschaft erreicht Sie in der Nacht; nicht jeder findet gut, was Sie tun – es gibt jedoch niemanden, der etwas tut, das alle gut finden; Sie fühlen sich im Alleinsein nicht einsam – das ist ein Zeichen Ihrer Reife; eine wunderbare Begebenheit vollzieht sich mit unglaublicher Schnelle; gestehen Sie sich zu, hin und wieder auch mal ein „Räuber" zu sein; das freie Leben ist Ihre Bestimmung; mitunter können Freunde Ihnen näher stehen als Familienangehörige, das ist vollkommen in Ordnung; zeigen Sie jedem klar und deutlich Ihre Grenzen – ohne dabei überheblich zu wirken; Sie bringen Freude in die Herzen.

Übung: Visualisieren Sie ein Frettchen! Sehen Sie es? Wie sieht es aus? Welche Assoziationen entwickeln Sie ganz spontan dazu? Lassen Sie Ihrem Geist freien Lauf und beobachten Sie, wohin Sie geführt werden.

Frosch – Vergebung entfacht Heilkraft

Eine Kraft, die bisher die meiste Zeit übersehen wurde, fängt an, sich in Ihrem Geist und Ihrer Seele wohltuend und stärkend auszubreiten. Es wird nun bald möglich sein, von allen Verletzungen aus der Vergangenheit Abschied zu nehmen und Heilung durch Vergebung zu erfahren. Dinge, die schief laufen, geschehen nicht ohne heilbringenden Grund. Der Schlüssel zu seelisch-geistigem Wachstum liegt darin, das zu erkennen und sich davon nicht unterkriegen zu lassen. Es sind Prüfungen, aus denen Sie jetzt mit Hilfe des Frosches als Sieger hervortreten können. Seien Sie, Sie selbst, und stehen Sie anderen zu, anders zu fühlen und zu denken. Zeigen Sie innere Größe. Sie erlangen dadurch selbstheilende Kräfte und können bald sogar andere Menschen heilen!

Achten Sie auf alle Bilder, Gedanken, Empfindungen und Assoziationen, die beim Lesen der folgenden Sequenzen in Ihnen wahrnehmbar werden und finden Sie heraus, welcher Sinn sich daraus für Sie ablesen lässt:

Erkenntnisse durch Innenschau; ob die Welt in einem guten oder schlechten Licht erscheint, liegt am Blickwinkel des Betrachters; Gleichberechtigung und Gerechtigkeit bringen Heilung; Chancen und Möglichkeiten wollen er-

kannt werden; eine Verwandlung im großen Ausmaß steht
an; die Karten auf den Tisch legen; eine Herzensangelegenheit drängt ins Licht; Heilung findet statt, manifestiert
sich und will an andere weitergegeben werden; spirituelle
Wahrnehmung setzt ein oder verstärkt sich; Ruhe und Gelassenheit nähren die Zukunft; ein Wunder (im übertragenen Sinne) wird geschehen; Verabschiedung von altem
Ballast, alten Gedanken- und Verhaltensmustern; Meditation und Innenschau fördern seelisch-geistiges Wachstum.

Übung: Visualisieren Sie einen Frosch! Sehen Sie ihn? Wie
sieht er aus? Welche Assoziationen entwickeln Sie ganz
spontan dazu? Lassen Sie Ihrem Geist freien Lauf und
beobachten Sie, wohin Sie geführt werden.

Fuchs – Heilung, Wachstum und Selbsterkenntnis

Der Fuchs gesellt sich an Ihre Seite, wenn es gilt, die Misserfolge, Pleiten, Enttäuschungen und Missgeschicke des
Lebens noch einmal zu betrachten, sie liebevoll anzunehmen, ja sogar wertzuschätzen und an ihnen zu wachsen.
Kommen Sie mit sich und der Welt ins Reine. Machen Sie
nichts und niemanden – außer sich selbst – für Ihr Leben
verantwortlich und treten Sie erhobenen Hauptes hinaus
ins Licht. Der Fuchs versetzt Sie in die Lage, die Dinge
bewusster und klarer zu erkennen. Lassen Sie sich von ihm
in ein neues Lebensgefühl und -verständnis begleiten. Sie
werden ihm für immer dankbar sein.

Achten Sie auf alle Bilder, Gedanken, Empfindungen und
Assoziationen, die beim Lesen der folgenden Sequenzen in

Ihnen wahrnehmbar werden und finden Sie heraus, welcher Sinn sich daraus für Sie ablesen lässt:

Alte Wunden können jetzt geheilt werden; halten Sie Innenschau; bereiten Sie sich auf eine neue Phase Ihres Lebens vor; zweifeln Sie nicht daran, dass Sie bekommen, was Ihnen fehlt; suchen Sie weiter, denn die Zeit des Findens steht bevor; wen sehen Sie, wenn Sie in den Spiegel schauen? Wer sind Sie tief in Ihrem Inneren? Freuen Sie sich an dem, was Sie haben; verschwenden Sie keine Energie an Gedanken über das, was Sie (noch) nicht haben; Selbstheilungskräfte werden aktiviert; erkennen Sie Ihre Einzigartigkeit – Sie sind nicht ohne Grund so, wie Sie sind; stehen Sie zu Ihren Interessen, Bedürfnissen und Talenten; seien Sie authentisch; lassen Sie Ihr inneres Licht nach außen strahlen; verwirklichen Sie Ihren Seelenplan.

Übung: Visualisieren Sie einen Fuchs! Sehen Sie ihn? Wie sieht er aus? Welche Assoziationen entwickeln Sie ganz spontan dazu? Lassen Sie Ihrem Geist freien Lauf und beobachten Sie, wohin Sie geführt werden.

Gans – Treue und Beständigkeit

Die Gans nimmt Kontakt zu Ihrer Seelenkraft auf. Sie vermag Ihnen die Hilfestellung zu geben, die Sie jetzt gerade brauchen. Sie träumen von neuen Chancen und Möglichkeiten und diese stehen auch für Sie bereit. Jedoch macht Sie die Gans darauf aufmerksam, dass Beständigkeit jetzt eher dazu beiträgt ein Ziel zu erreichen, als Experimentierfreude. Ja, Sie haben etwas zu geben und ja, Sie sind besonders. Seien Sie bei dem, was Sie vorhaben jedoch wirklich zu 100 Prozent Sie selbst. Handeln Sie mit Bedacht. Ihr Seelenplan ist Ihnen nicht umsonst gegeben. Es geht darum, den Weg zu gehen, der zu Ihnen passt und nicht darum, irgendeinen Weg zu wählen, den andere für Sie vorgesehen haben. Sollten Sie sich gerade in dieser oder einer ähnlichen Zwickmühle befinden, nehmen Sie diese Tatsache als Ihre ganz spezielle Lernaufgabe an. Stehen Sie zu sich. Bleiben Sie sich treu. Auch, wenn Sie dann nicht immer anderen treu bleiben können. Es geht um Sie, vergessen Sie das nicht!

Achten Sie auf alle Bilder, Gedanken, Empfindungen und Assoziationen, die beim Lesen der folgenden Sequenzen in Ihnen wahrnehmbar werden und finden Sie heraus, welcher Sinn sich daraus für Sie ablesen lässt:

Gewisse Traditionen aus der Vergangenheit würdigen; Freundschaften pflegen; unternehmen Sie etwas in der Gemeinschaft; es ist nicht alles Gold, was glänzt – genau hinschauen; mit Herz und Verstand entscheiden; prüfen Sie das, was man Ihnen sagt und rät; lassen Sie sich jetzt nicht die Butter vom Brot nehmen; Gewohnheit und Altbewährtes sind natürlich nicht die aufregendsten Begleiter, aber manchmal erweisen Sie sich als gute Freunde und Ratgeber; das Glück wartet auf Sie – übersehen Sie es nicht; lassen Sie sich nichts erzählen, bestehen Sie auf Beweise; auch wenn es darum geht im Hier und Jetzt zu leben, sollten Sie der Zukunft eine gebührende Aufmerksamkeit schenken; stehen Sie zu Ihren Interessen, Bedürfnissen und Talenten; seien Sie authentisch; betrachten Sie alles in Ruhe, bevor Sie entscheiden; Sie sind nicht der Typ für schnelle Geschichten, bleiben Sie sich treu und bauen Sie auf Dinge, die Bestand haben.

Übung: Visualisieren Sie eine Gans! Sehen Sie sie? Wie sieht sie aus? Welche Assoziationen entwickeln Sie ganz spontan dazu? Lassen Sie Ihrem Geist freien Lauf und beobachten Sie, wohin Sie geführt werden.

Gecko – Verabschieden/Einladen

Der Gecko erscheint in Ihrem Umfeld und macht Sie darauf aufmerksam, dass es einen Teil in Ihnen gibt, der verabschiedet werden möchte. Leise und unauffällig symbolisiert er gleichermaßen einen Teil von Ihnen, der wiederentdeckt werden möchte. Welche Anteile Ihrer Persönlichkeit sind echt? Welche dienen Ihnen nur als Schutz davor, Ihre wahren Gesichter nicht zeigen zu müssen? Hinter jeder Maske steckt ein verborgener Anteil Ihrer wahren Persönlichkeit. Es lohnt sich, die Masken abzulegen und die Gesichter dahinter hervorkommen zu lassen. Trägt Ihr inneres Kind noch immer eine Maske? Der Gecko hilft Ihnen diese Arbeit auf Seelenebene mit Freude und Verspieltheit anzugehen und zu meistern.

Achten Sie auf alle Bilder, Gedanken, Empfindungen und Assoziationen, die beim Lesen der folgenden Sequenzen in Ihnen wahrnehmbar werden und finden Sie heraus, welcher Sinn sich daraus für Sie ablesen lässt:

Dem Herzen Aufmerksamkeit schenken; die intuitive Wahrnehmung wird verstärkt; sich der Macht der anderen entziehen; vorsichtig hinschauen – kraftvoll verändern; Entfesselung des Seelenplans; eine Idee drängt ins Bewusstsein und wird große Veränderung bescheren; der Weg führt in den Erfolg; schauen Sie nach dem Aufwachen noch einmal Ihre Träume an – eine Botschaft wird Ihnen im Traum oder in der Meditation überbracht werden; lassen Sie sich nicht von jedem in die Karten schauen; nicht jeder meint es gut mit Ihnen – akzeptieren Sie das, ohne sich darüber zu ärgern; die nächst höhere Bewusstseinsebene ist erreicht.

Übung: Visualisieren Sie einen Gecko! Sehen Sie ihn? Wie sieht er aus? Welche Assoziationen entwickeln Sie ganz spontan dazu? Lassen Sie Ihrem Geist freien Lauf und beobachten Sie, wohin Sie geführt werden.

Gepard – Enorme spirituelle Entwicklung

Die Zeit des Ausruhens und des Kräftesammelns geht dem Ende zu. Sie durchleben einen rasanten spirituellen Entwicklungsschub. Der Gepard hält sich nun in Ihrer Nähe auf und versorgt Sie mit den Energien, die für die nächsten Entwicklungsschritte wichtig sind. Er macht es Ihnen möglich, sich auf das Wesentliche zu konzentrieren. Er führt Sie zu Ihren Leidenschaften und sorgt dafür, dass Sie bei der rasanten Geschwindigkeit, mit der sich die Entwicklung vollzieht, nicht die Orientierung verlieren. Es kann wichtig sein, jeden Schritt genau zu überlegen und nur dann weiterzugehen, wenn Sie wirklich genug Wissen angesammelt haben, um das Ergebnis vorhersehen bzw. einschätzen zu können. Der Gepard beschützt Sie mit all seiner Macht.

Achten Sie auf alle Bilder, Gedanken, Empfindungen und Assoziationen, die beim Lesen der folgenden Sequenzen in Ihnen wahrnehmbar werden und finden Sie heraus, welcher Sinn sich daraus für Sie ablesen lässt:

Halten Sie das Tempo und schlagen Sie gekonnt Ihre Haken, damit Sie nicht von anderen eingeholt werden; tarnen Sie sich wo es nötig ist, aber geben Sie sich im geeigneten Moment zu erkennen; Schutz und Sicherheit sind gewährleistet – wagen Sie ruhig etwas; legen Sie Ihre Masken ab – zeigen Sie ruhig Ihr wahres Gesicht; aus Ihrem natürlichen, energetischen Schutzfeld haben Sie eine undurchdringliche Mauer werden lassen, durchbrechen Sie sie; wagen Sie den Schritt in die Unsicherheit; kreative Energien werden frei gesetzt und stehen reichlich zur Verfügung; fühlen Sie die Verbindung zwischen sich selbst und dem gesamten Universum – werden Sie sich bewusst, dass Sie ein Teil des großen Ganzen sind; Sie nehmen eine Vorbildfunktion ein – achten Sie bei allem, was Sie tun, darauf, dass Sie andere nicht bekehren oder missionieren, denn jeder hat seine eigenen Wahrheiten; hohe spirituelle Wahrnehmungsfähigkeit; Sie sind in vielen Welten und Dimensionen zu Hause – was für andere unsichtbar bleibt, wird für Sie sichtbar.

Übung: Visualisieren Sie einen Geparden! Sehen Sie ihn? Wie sieht er aus? Welche Assoziationen entwickeln Sie ganz spontan dazu? Lassen Sie Ihrem Geist freien Lauf und beobachten Sie, wohin Sie geführt werden.

Giraffe – Spiritualität und Bodenhaftung

Die Giraffe taucht auf, um Ihnen zu signalisieren, dass es nun gilt, Ihre hochentwickelte spirituelle Wahrnehmung stets mit Ihrem alltäglichen Leben in Balance zu halten. Ihre spirituellen Gaben sind Ihnen gegeben, um im wirklichen Leben, im Hier und Jetzt, Ihren eigenen Weg gehen zu können. Sie laufen zwar nicht wirklich Gefahr, die Bodenhaftung zu verlieren, jedoch brauchen Sie die Giraffe um sich Ihrer Balance immer wieder bewusst zu werden. Die nächste Bewusstseinsebene wird erreicht.

Achten Sie auf alle Bilder, Gedanken, Empfindungen und Assoziationen, die beim Lesen der folgenden Sequenzen in Ihnen wahrnehmbar werden und finden Sie heraus, welcher Sinn sich daraus für Sie ablesen lässt:

Kommunizieren Sie jetzt wo es Ihnen nur möglich ist; richten Sie Ihre Aufmerksamkeit auf Ihre Visionen; es gilt alles mit Weitblick zu überschauen und zu erfassen; verschaffen Sie sich einen Überblick und schauen Sie immer einige Schritte voraus; Magie zwischen Himmel und Erde; im Einklang mit den „Kosmischen Gesetzen"; höheres Wissen durch intensive spirituelle Verbindung; Sie können hellsehen, hellwissen und/oder hellfühlen; folgen Sie Ihrer Intuition; Weisheit und Erkenntnis mehren sich aus Ihrer

Verbindung zur göttlichen Quelle; eine friedliche Zeit steht bevor.

Übung: Visualisieren Sie eine Giraffe! Sehen Sie sie? Wie sieht sie aus? Welche Assoziationen entwickeln Sie ganz spontan dazu? Lassen Sie Ihrem Geist freien Lauf und beobachten Sie, wohin Sie geführt werden.

Gottesanbeterin – Im Vertrauen und außer Gefahr

Es lohnt sich jetzt in Meditationen innezuhalten, um sich den eigenen inneren Erlebenswelten hinzugeben und aus ihnen zu schöpfen. Die Gottesanbeterin bietet Ihnen den Schutz vor den Gefahren, denen Sie zurzeit ausgesetzt sind. Mit der Gewissheit unter ihrem Schutz zu stehen, ist es Ihnen möglich, Ihr Selbstvertrauen zu stärken und einen eigenen, unabhängigen Weg zu gehen. Sie lernen mit ihr, sich selbst mehr und mehr anzunehmen, zu lieben und wertzuschätzen.

Achten Sie auf alle Bilder, Gedanken, Empfindungen und Assoziationen, die beim Lesen der folgenden Sequenzen in Ihnen wahrnehmbar werden und finden Sie heraus, welcher Sinn sich daraus für Sie ablesen lässt:

In Verbindung mit der „Geistigen Welt"; die Aufmerksamkeit ins Hier und Jetzt richten; auf den richtigen Moment warten und dann zugreifen; die Gefühle wissen, wo der Weg hinführen soll; Möglichkeit heilende Fähigkeiten zu perfektionieren; Kraft sammeln, um eine große Vision erfüllen zu können; Körperliche Reaktionen ernstnehmen;

der Intuition folgen; bedanken – in Liebe und zum Wohle aller; Ihr spirituelles Potenzial wächst.

Übung: Visualisieren Sie eine Gottesanbeterin! Sehen Sie sie? Wie sieht sie aus? Welche Assoziationen entwickeln Sie ganz spontan dazu? Lassen Sie Ihrem Geist freien Lauf und beobachten Sie, wohin Sie geführt werden.

Grashüpfer – Mit Leichtigkeit das Leben meistern

Eine besondere Zeit bricht an. Der Grashüpfer zeigt sich nicht jedem, und allein dass er an Ihrer Seite ist, deutet schon darauf hin, dass Sie seelisch-geistig sehr viel weiter sind, als viele andere Menschen. Sie befinden sich auf einer höheren Bewusstseinsstufe. Sie können nun das Leben mit einer gewissen Leichtigkeit meistern. Es kann ganz leicht sein, glücklich zu sein, Sie brauchen nur die richtigen Gedanken auszuwählen, die Sie denken möchten. Aber das ist nichts Neues für Sie. Der Grashüpfer inspiriert Sie dazu, die Leichtigkeit zu entdecken und diese zu leben. Das Motto „Warum einfach, wenn es auch umständlich geht?", sollte von Ihnen für immer verabschiedet werden. So wie der Grashüpfer mit Leichtigkeit von Grashalm zu Grashalm springt, so sind Sie in der Lage, spielend von einer Idee zur anderen zu springen und so auf neue heilvolle Gedanken und Ideen zu kommen. Sie können morgen vielleicht etwas anderes tun, als Sie sich heute vorgenommen hatten. Was soll's? Sie haben die Freiheit, alles jeden Tag neu zu entscheiden.

Achten Sie auf alle Bilder, Gedanken, Empfindungen und Assoziationen, die beim Lesen der folgenden Sequenzen in Ihnen wahrnehmbar werden und finden Sie heraus, welcher Sinn sich daraus für Sie ablesen lässt:

Harmonie durch Loslassen; Quantensprünge sind möglich; Fortschritt steht an; für das Umsetzten einer Idee ist jetzt der richtige Zeitpunkt; die Schönheit des Lebens wird sichtbar, für Sie und durch Sie, auch für andere; mit Leichtigkeit denken und die Zweifel besiegen; mit Gedanken spielen führt zum Erfolg; kreative Gedankensprünge inspirieren; alles kann in einem hellen Licht erstrahlen, auch wenn es anfangs nicht so scheinen mag; neue Ideen können entstehen oder alte Projekte entwickeln sich weiter; Bewegung bringt Gesundheit auf allen Ebenen; Heilung geschieht in Ihnen und durch Sie; Herz, Verstand, Körper, Geist und Seele streben nach Einklang.

Übung: Visualisieren Sie einen Grashüpfer! Sehen Sie ihn? Wie sieht er aus? Welche Assoziationen entwickeln Sie ganz spontan dazu? Lassen Sie Ihrem Geist freien Lauf und beobachten Sie, wohin Sie geführt werden.

Hai – Vollendeter Instinkt

Der Hai verbündet sich mit Ihnen, um Sie an seinen außergewöhnlich scharf entwickelten Sinnesfähigkeiten teilhaben zu lassen. Mit ihm an Ihrer Seite haben Sie quasi eine Art Früherkennungssystem, was Sie vor Fehlern jeglicher Art bewahren kann. Der Hai versetzt Sie in die Lage Ihre eigenen hellsichtigen bzw. höheren Wahrnehmungsfähigkeiten zu aktivieren und zu schärfen. Er hilft Ihnen blitzschnell wahrzunehmen und die richtigen Schlüsse zu ziehen. Ihr Instinkt wächst erheblich. Sie sind in der Lage, sich selbst klarer zu erkennen und zu Ihren eigenen Interessen und Wünschen zu stehen.

Achten Sie auf alle Bilder, Gedanken, Empfindungen und Assoziationen, die beim Lesen der folgenden Sequenzen in Ihnen wahrnehmbar werden und finden Sie heraus, welcher Sinn sich daraus für Sie ablesen lässt:

Verlieren Sie sich selbst nicht aus den Augen; entledigen Sie sich dessen, was Sie nicht mehr brauchen; Zeit für mutiges und entschlossenes Handeln; wo stehen Sie sich selbst im Weg? Sie haben außergewöhnliche Fähigkeiten der Wahrnehmung; Ihr Instinkt weist Ihnen den Weg; stehen Sie zu Ihren Zielen und Plänen; zeigen Sie anderen Ihre Grenzen; Sie können jetzt sicher einen Plan für die Zukunft schmieden; wägen Sie sorgfältig die Chancen und Risiken ab; was bringt Sie jetzt weiter? Wo verschwenden Sie nur Energie? Handeln Sie in Liebe und zum Wohle aller, dann werden Sie Erfolg haben; Hindernisse können nun aufgelöst werden; neue Energie kann fließen; Angst kann überwunden werden; was ist es, was Sie davon abhält, das zu tun, was Sie wirklich wollen?

Übung: Visualisieren Sie einen Hai! Sehen Sie ihn? Wie sieht er aus? Welche Assoziationen entwickeln Sie ganz spontan dazu? Lassen Sie Ihrem Geist freien Lauf und beobachten Sie, wohin Sie geführt werden.

Hase – Im Vertrauen der Herzensliebe

Eine Zeit, in der Ihre Herzensweisheit in den Vordergrund drängt, steht an. Die Seele möchte beachtet werden. Zeigen Sie sich ihr gegenüber liebend und wohlwollend. Die Schlüssel, mit denen sich weitere Türen öffnen lassen, heißen Selbstvertrauen und Selbstliebe. Der Hase stellt sich Ihnen zur Seite, um Sie darauf aufmerksam zu machen, dass Sie nun eine liebevolle Innenschau durchführen sollten, um sich dabei großzügig zu gestatten, das zu tun, was speziell Ihnen wichtig ist. Manchmal kann man dabei keine Rücksicht auf die Belange anderer nehmen. Seien Sie sich das wert.

Achten Sie auf alle Bilder, Gedanken, Empfindungen und Assoziationen, die beim Lesen der folgenden Sequenzen in Ihnen wahrnehmbar werden und finden Sie heraus, welcher Sinn sich daraus für Sie ablesen lässt:

Eine Zeit der Stille schafft neue Kraft; eine Zeit des kraftvollen Weitergehens bricht an; einengende Lebensumstände verlangen nach Veränderung; Grundlegende Entscheidungen stehen an; über den eigenen Schatten springen, um bei sich selbst anzukommen; Grenzen sind zu überschreiten, die Sie aus der scheinbaren Sicherheit Ihres Lebens herausbringen; das Leben wartet auf Sie; es ist die Zeit des Herzens; den Verstand zurücktreten lassen und mit der Weisheit des Herzens entscheiden; Furcht oder falsche Überzeugungen versperren den Weg; mit dem Herzen sich und andere verwöhnen; gönnen Sie sich, Sie selbst sein zu dürfen; Freunde und Bekannten brauchen Ihre Aufmerksamkeit und Liebe; Ideen reifen und Wünsche verwirklichen sich.

Übung: Visualisieren Sie einen Hasen! Sehen Sie ihn? Wie sieht er aus? Welche Assoziationen entwickeln Sie ganz spontan dazu? Lassen Sie Ihrem Geist freien Lauf und beobachten Sie, wohin Sie geführt werden.

Hirsch – Wachstum durch Wahrnehmung der Seele

Eine Phase des seelisch-geistigen Wachstums ist gerade in vollem Gange oder setzt in Kürze ein. Endlich kann der Ruf der Seele ernstgenommen und in die Welt getragen werden. Zeit um sich von übertriebener Scham, Rücksichtnahme und innerer Enge zu verabschieden. Etwas, das in Ihnen ist, muss jetzt gesehen, verstanden und transformiert werden. Durch an Hellsichtigkeit grenzende Eingebungen können nun Impulse richtig gedeutet werden, die Sie auf Ihrem eigenen Weg mehr als nur weiter nach vorne bringen.

Achten Sie auf alle Bilder, Gedanken, Empfindungen und Assoziationen, die beim Lesen der folgenden Sequenzen in Ihnen wahrnehmbar werden und finden Sie heraus, welcher Sinn sich daraus für Sie ablesen lässt:

Aktivitäten zahlen sich aus; Feinfühligkeit ist angesagt; Wandel in der Seele; Rückkehr verlorener Seelenanteile; Mut lohnt sich; die Karten auf den Tisch legen; eine Herzensangelegenheit drängt ins Licht; manches will im Herzen bewahrt und respektiert werden; Kraft und Mut, um

zu sich selbst zu stehen, bringen den Erfolg; Fähigkeit mit
Herz und Verstand zu entscheiden wächst; Großzügigkeit,
Toleranz und Rücksichtnahme in Bezug auf andere verleiht Größe; wenn es die Seele schützt, kann die Wahrheit
verborgen bleiben; Meditation und Innenschau fördern
seelisch-geistiges Wachstum; die Weisheit des Herzens
führt sicher ans Ziel.

Übung: Visualisieren Sie einen Hirsch! Sehen Sie ihn? Wie
sieht er aus? Welche Assoziationen entwickeln Sie ganz
spontan dazu? Lassen Sie Ihrem Geist freien Lauf und
beobachten Sie, wohin Sie geführt werden.

Hummel: Kurzimpulse von sieben Krafttieren

Die Hummel betritt als Botschafterin von insgesamt sieben Krafttieren Ihr persönliches Schwingungsfeld.

Achten Sie auf alle Bilder, Gedanken, Empfindungen und
Assoziationen, die beim Lesen der folgenden sieben Krafttier-Kurzimpulse in Ihnen wahrnehmbar werden und finden Sie heraus, welcher Sinn sich daraus für Sie persönlich
ableiten lässt!?

Sieben Krafttiere senden Ihnen folgende Impulse:

- **Hummel**: Nicht die Orientierung verlieren; in
  Kontakt mit Freunden und Fremden sein; mit dem
  Universum verbunden.
- **Emu**: Auf Fairness achten; keine Tricks; erfinde-
  risch sein.

- **Grille**: Loslassen; hinhören; genießen.
- **Koala** Bär: Keine Aufregung; viel schlafen ist angesagt; spirituelles Wachstum kann stattfinden.
- **Motte**: Befreiung aus alten Verstrickungen; der Schritt in die Freiheit; dem Universum vertrauen.
- **Rochen**: Die Weisheit des Herzens anerkennen; zu sich selbst stehen; authentisch sein.
- **Seekuh**: Die weibliche Seite in sich selbst spüren und leben; etwas geht zu Ende bzw. verschwindet; etwas Neues fängt an bzw. wird empfangen.

Übung: Visualisieren Sie eine Hummel! Sehen Sie sie? Wie sieht sie aus? Welche Assoziationen entwickeln Sie ganz spontan dazu? Lassen Sie Ihrem Geist freien Lauf und beobachten Sie, wohin Sie geführt werden.

Hund – Treue ist ein hohes Gut

Wenn der Hund an Ihrer Seite ist, haben Sie nichts zu befürchten. Sie stehen unter seinem Schutz. Er macht Sie darauf aufmerksam, welche Werte in Ihrem Leben wirklich zählen. Sie kommen nicht umhin, die Treue als einen der wichtigsten Werte in Ihrem Leben zu schätzen. Zugleich macht der Hund es Ihnen möglich, den Begriff "Treue" differenzierter zu sehen, als das allgemein üblich ist. Es geht um die Treue sich selbst gegenüber. Diese kann es manchmal durchaus erforderlich machen, anderen gegenüber untreu zu sein und sich von diesen zu verabschieden.

Der Hund lehrt Sie "Treue" richtig zu verstehen und sich selbst und anderen gegenüber aufrichtig zu sein.

Achten Sie auf alle Bilder, Gedanken, Empfindungen und Assoziationen, die beim Lesen der folgenden Sequenzen in Ihnen wahrnehmbar werden und finden Sie heraus, welcher Sinn sich daraus für Sie ablesen lässt:

Das innere Licht strahlen lassen; Gefühl der Einsamkeit durchbrechen; Kontakt zu anderen herstellen; Vertrauen kann zurückgewonnen werden; den anderen vergeben; das Gute an einem "Misserfolg" wird bald sichtbar werden; nein, Sie sind nicht schuld – vergeben Sie sich; die Perspektive verändern; zurück zu Ihren spirituellen Wurzeln; es wird Zeit den eigenen Weg weiterzugehen; Freiheit in allen Entscheidungen; wann es soweit ist, bestimmen Sie; bedingungslose Liebe ist der Schlüssel.

Übung: Visualisieren Sie einen Hund! Sehen Sie ihn? Wie sieht er aus? Welche Assoziationen entwickeln Sie ganz spontan dazu? Lassen Sie Ihrem Geist freien Lauf und beobachten Sie, wohin Sie geführt werden.

Igel – Geheimnisse und Selbstvertrauen

Der Igel taucht in Ihrem Wirkungskreis auf, um Sie daran zu erinnern, ein Geheimnis gut zu bewahren. Erzählen Sie nicht jedem von Ihren Vorhaben und schon gar nicht von den Dingen, die andere Ihnen anvertraut haben. Auch möchte der Igel Sie dazu auffordern, mehr zu Ihren eigenen Wünschen und Bedürfnissen zu stehen und ein gesundes Maß an Selbstvertrauen und Selbstliebe zu entwickeln. Sie können mehr als Sie denken und Sie haben mehr zu bieten als Ihnen <u>bewusst</u> ist. Halten Sie Ihr Licht nicht länger unter dem Scheffel.

Achten Sie auf alle Bilder, Gedanken, Empfindungen und Assoziationen, die beim Lesen der folgenden Sequenzen in Ihnen wahrnehmbar werden und finden Sie heraus, welcher Sinn sich daraus für Sie ablesen lässt:

Sie haben mediale Fähigkeiten – öffnen Sie sich diesen mit ganzem Herzen; entwickeln Sie im Geheimen einen Plan – rücken Sie erst am Ende mit der Wahrheit heraus; es passieren Dinge, die Sie übersehen, es wird Ihnen jedoch möglich, das Übersehene zu erspüren. Vielleicht können Sie es auch hören, wenn Sie Ihre Aufmerksamkeit nach innen richten; bei einem Kampf scheinen Sie die schlechteren Karten in der Hand zu halten – da hilft die Taktik des Klügeren, geben Sie nach; eine Zeit der Wärme und des Sonnenscheins steht bevor; lassen Sie jetzt auch einmal die anderen selbst für sich sorgen – jetzt sind Sie dran und es wird Zeit, dass Sie sich nicht mehr in den Hintergrund stellen; nehmen Sie nicht alles persönlich – Worte klingen oft härter als sie gemeint sind; treten Sie hinaus ins Licht – zeigen Sie sich – nein, igeln Sie sich nicht ein; Ihre spirituelle Kraft wächst unaufhaltsam.

Übung: Visualisieren Sie einen Igel! Sehen Sie ihn? Wie sieht er aus? Welche Assoziationen entwickeln Sie ganz spontan dazu? Lassen Sie Ihrem Geist freien Lauf und beobachten Sie, wohin Sie geführt werden.

Jaguar – Eine neue Dimension des Bewusstseins

Die spirituelle Wahrnehmung hat eine neue Ebene erreicht. Viele Zusammenhänge zwischen dem Innen und Außen können nun erfasst werden. Das Universalbewusstsein ist frei zugänglich. Es findet seelisch-geistiges Wachstum statt, welches zu mehr Selbstvertrauen und Selbsterkenntnis verhilft.

Achten Sie auf alle Bilder, Gedanken, Empfindungen und Assoziationen, die beim Lesen der folgenden Sequenzen in Ihnen wahrnehmbar werden und finden Sie heraus, welcher Sinn sich daraus für Sie ablesen lässt:

Etwas Außergewöhnliches lässt sich jetzt wahrnehmen oder realisieren; die Zeit ist reif für eine Wandlung mit größtem Ausmaß; etwas, das wie ein Zufall aussieht, ist kein Zufall, sondern göttliche Fügung; wachsendes Bewusstseins; im Fluss mit den „Kosmischen Gesetzen"; Vorbereitung auf die bevorstehende Veränderung; eigene spirituelle Kraft stärkt Herzensweisheit; unbegrenzte Möglichkeiten; Lebensenergie kann frei fließen; Fesseln können abgelegt und Freiheit zu tiefst erfahren werden; ankommen in einer neuen höheren spirituellen Ebene; eigene Heilkraft kann entdeckt bzw. gestärkt werden.

Übung: Visualisieren Sie einen Jaguar! Sehen Sie ihn? Wie sieht er aus? Welche Assoziationen entwickeln Sie ganz spontan dazu? Lassen Sie Ihrem Geist freien Lauf und beobachten Sie, wohin Sie geführt werden.

Kamel/Dromedar – Kontinuität und Erfolg

Sie haben viel für das Erreichen Ihrer Ziele getan und wirklich auch schon viel geschafft. Nicht immer mögen Sie das so sehen, aber wertschätzen Sie jetzt Ihren bisherigen Erfolg. Werden Sie nicht müde an der Verwirklichung Ihrer Träume und Visionen weiterzuarbeiten. Das Kamel ist ein wunderbarer Begleiter. Vor allem, wenn es darum geht, an einer Sache dran zu bleiben, nicht aufzugeben, beharrlich weiterzugehen sowie die Hoffnung und den Glauben nicht zu verlieren. Mit dem Kamel an Ihrer Seite werden Sie erfolgreich sein.

Achten Sie auf alle Bilder, Gedanken, Empfindungen und Assoziationen, die beim Lesen der folgenden Sequenzen in Ihnen wahrnehmbar werden und finden Sie heraus, welcher Sinn sich daraus für Sie ablesen lässt:

Lassen Sie sich nicht durch Hindernisse zu sehr aufhalten; gehen Sie Ihren bisherigen Weg weiter; stehen Sie zu dem, was Sie vorhaben – bleiben Sie an der Sache dran; tun Sie, was Sie können, um Ihr Ziel zu erreichen; lassen Sie sich ein, auf die göttliche Quelle; leben Sie jetzt nicht über Ihre Verhältnisse – seien Sie jetzt eher etwas sparsam; folgen Sie Ihrem Herzen – es führt Sie sicher; lassen Sie sich jetzt nicht von anderen etwas vor machen; betrachten Sie Ihren bisherigen Weg und wertschätzen Sie ihn; zweifeln Sie nicht an Ihrer Kraft bzw. Kompetenz – Zweifel unterbinden Ihre spirituellen Fähigkeiten; auch wenn es jetzt noch einmal unbequem werden kann, gehen Sie weiter – der Erfolg kündigt sich bereits an.

Übung: Visualisieren Sie ein Kamel! Sehen Sie es? Wie sieht es aus? Welche Assoziationen entwickeln Sie ganz spontan dazu? Lassen Sie Ihrem Geist freien Lauf und beobachten Sie, wohin Sie geführt werden.

Kaninchen – Dem Herzen folgen

Die Antworten auf Ihre Fragen befinden sich in Ihrem Herzen. Es wird Zeit, der Stimme des Herzens zu folgen und dem inneren Zensor die rote Karte zu zeigen. Nicht in der Sicherheit liegt der Schlüssel, sondern im stetigen Wandel. Das Kaninchen ist in der Lage, Ihre Seele zu berühren und ihr eine Stimme zu verleihen, die von Ihnen gehört werden kann. Hören Sie nach innen! Nehmen Sie sie wahr! Freuen Sie sich über Ihren Verstand, aber setzen Sie ihn mit genügend Herzensweisheit ein. Was nützt es Ihnen, wenn die anderen stolz auf Sie sind, wenn Sie nicht nach Ihren wahren Bedürfnissen handeln? Stärken Sie Ihr Selbstvertrauen. Seien Sie authentisch.

Achten Sie auf alle Bilder, Gedanken, Empfindungen und Assoziationen, die beim Lesen der folgenden Sequenzen in Ihnen wahrnehmbar werden und finden Sie heraus, welcher Sinn sich daraus für Sie ablesen lässt:

In der Ruhe liegt die Kraft; neue Wege mit Herzensweisheit beschreiten; eine Idee will verwirklicht werden; den inneren Zensor verabschieden; ein Sprung in die Ungewissheit bringt Klarheit ins Leben; leben Sie Ihr Leben; der Schlüssel liegt im Herzen; Verabschiedung hinderlicher Gedanken; lieben ohne Erwartungen; Scham überwinden und authentisch sein; Freunde und Bekannte brauchen Ihre Aufmerksamkeit und Liebe; kreative Ideen führen auf den richtigen Weg.

Übung: Visualisieren Sie ein Kaninchen! Sehen Sie es? Wie sieht es aus? Welche Assoziationen entwickeln Sie ganz spontan dazu? Lassen Sie Ihrem Geist freien Lauf und beobachten Sie, wohin Sie geführt werden.

Katze – Sich selbst treu bleiben

Die Katze taucht auf, um Sie daran zu erinnern, welches Ihre ganz persönliche Lebensbestimmung ist. Was tun Sie, weil es Ihrer Bestimmung entspricht, und was tun Sie, weil andere es von Ihnen erwarten? Zur Selbstbestimmung gehört auch der Mut, aufrichtig zu sein. Nicht nur anderen, sondern auch sich selbst gegenüber. Wenn Sie ehrlich sind, wird Ihnen das zwar sehr oft übel genommen werden, aber das liegt daran, dass andere Ehrlichkeit mit Freundlichkeit und Rücksichtnahme verwechseln. Sie werden nur von denen verstanden werden, deren Bewusstsein bereits mindestens die gleiche Entwicklungsebene erreicht hat, wie Ihr eigenes. Sie können es nicht jedem Recht machen. Es gibt jedoch einen Menschen, dem Sie alles recht machen können und das sind Sie selbst.

Achten Sie auf alle Bilder, Gedanken, Empfindungen und Assoziationen, die beim Lesen der folgenden Sequenzen in Ihnen wahrnehmbar werden und finden Sie heraus, welcher Sinn sich daraus für Sie ablesen lässt:

Den Wünschen treu bleiben; Heilung für den Geist; in die eigene Mitte finden; lernen sich selbst mehr zu lieben; alles ist im Inneren vorhanden; Unabhängigkeit wirkt heilend; eine eigene Meinung haben; die Meinungen der anderen respektieren; sich selbst zuhören; Abschied von negativen Einflüssen; von Abhängigkeiten befreien; in Freiheit leben.

Übung: Visualisieren Sie eine Katze! Sehen Sie sie? Wie sieht sie aus? Welche Assoziationen entwickeln Sie ganz spontan dazu? Lassen Sie Ihrem Geist freien Lauf und beobachten Sie, wohin Sie geführt werden.

Kojote – Das unvorhersehbare Glück

Jetzt tritt der Kojote an Ihre Seite. Sie brauchen ihn, um Dinge, die sich aus heiterem Himmel für Sie ergeben können, nicht an sich vorbeiziehen zu lassen. Er hat den Mut und die Risikobereitschaft, sich auf Neues einzulassen, Veränderungen geschehen zu lassen und sich bietende Gelegenheiten beim Schopfe zu packen. Lassen Sie ihn Ihr Lehrer sein. Überwinden Sie Scheu und Gewohnheit. Sie haben die Möglichkeit neue richtungsweisende Chancen zu ergreifen. Vertrauen Sie Ihren Wünschen und Bedürfnissen, sie weisen Ihnen den Weg.

Achten Sie auf alle Bilder, Gedanken, Empfindungen und Assoziationen, die beim Lesen der folgenden Sequenzen in Ihnen wahrnehmbar werden und finden Sie heraus, welcher Sinn sich daraus für Sie ablesen lässt:

Ihr Verstand macht Ihnen etwas vor und verhindert etwas; etwas in Ihnen drängt von innen nach außen; die Seele ruft; es ist Zeit um etwas zu tun, was man von Ihnen nicht erwartet; seien Sie authentisch; ist es wirklich das, was Sie wollen? Warum nicht auch mal einen Fehler riskieren? Nach innen schauen und intuitiv das Richtige tun; Freiheit ist möglich – entscheiden Sie sich dafür; den eigenen Weg gehen.

Übung: Visualisieren Sie einen Kojoten! Sehen Sie ihn? Wie sieht er aus? Welche Assoziationen entwickeln Sie ganz spontan dazu? Lassen Sie Ihrem Geist freien Lauf und beobachten Sie, wohin Sie geführt werden.

Kolibri – Heilung der Seele
Ereignisse, die das Herz höher schlagen lassen, kündigen sich an. Tief im Herzen findet Befreiung statt. Altes kann losgelassen werden und Heilung kann sich ausbreiten. Es wird möglich, zur inneren Harmonie zurückzukehren. Das Herz sendet liebevolle Signale nach außen und es ergeben sich neue Chancen für wichtige Erfahrungen.

Achten Sie auf alle Bilder, Gedanken, Empfindungen und Assoziationen, die beim Lesen der folgenden Sequenzen in Ihnen wahrnehmbar werden und finden Sie heraus, welcher Sinn sich daraus für Sie ablesen lässt:

Spirituelles Erwachen; zu den eigenen Wünschen und Bedürfnissen stehen; manches erfordert klare energische Worte; genau hinsehen, wo der Weg weiterführt; Herz vor

Verstand; vieles fällt auf einmal ganz leicht; Lebensfreude durch kreative Ideen; man kann es nicht immer allen recht machen; heute ist heute – morgen ist morgen – im aktuellen Tag leben; Bauchgefühle genau betrachten – etwas will gehört werden; eine Verbindung mit der „Universellen Kraft" eingehen; ein neues frisches Bewusstsein bringt die Wende; Liebe will frei sein – Bedingungen ersticken sie.

Übung: Visualisieren Sie einen Kolibri! Sehen Sie ihn? Wie sieht er aus? Welche Assoziationen entwickeln Sie ganz spontan dazu? Lassen Sie Ihrem Geist freien Lauf und beobachten Sie, wohin Sie geführt werden.

Kondor (Geier) – In Kontakt mit dem Universum
Etwas beginnt zu heilen. Was einmal war, spielt für das JETZT keine Rolle mehr. Diese Erkenntnis ist wie ein Lebenselixier und grundlegende Heilungsprozesse für Körper, Geist und Seele finden statt. Festgefahrene Strukturen, Menschen und Umstände, die Ihnen nicht guttun, können jetzt verabschiedet werden. Schließen Sie dir Tore zur Vergangenheit hinter sich zu, damit sich neue Türen in der Gegenwart öffnen können. Stehen Sie jetzt zu dem, was in Ihrem Herzen danach drängt, beachtet zu werden!

Achten Sie auf alle Bilder, Gedanken, Empfindungen und Assoziationen, die beim Lesen der folgenden Sequenzen in Ihnen wahrnehmbar werden und finden Sie heraus, welcher Sinn sich daraus für Sie ablesen lässt:

Abschließen mit der Vergangenheit; Durchführung einer Seeleninventur; Prüfung: wen oder was brauche ich für mein weiteres Leben wirklich? Verabschiedung der Störfaktoren des Lebens; Wahrheiten aussprechen, auch auf die Gefahr hin, es anderen nicht recht zu machen; Zeit, um vorwärts zu gehen und erfolgreich zu sein; eine spirituelle Kraftquelle steht zur Verfügung; Kontakt durch Öffnung; keine Scheu vor Fehlern, auch durch diese kommt man weiter; loslassen von altem Ballast!

Übung: Visualisieren Sie einen Kondor! Sehen Sie ihn? Wie sieht er aus? Welche Assoziationen entwickeln Sie ganz spontan dazu? Lassen Sie Ihrem Geist freien Lauf und beobachten Sie, wohin Sie geführt werden.

Krähe – Königin der Transformation
Die Krähe taucht in Ihrem Schwingungsfeld auf, um Sie auf das aufmerksam zu machen, was es zu überdenken, erneuern und zu transformieren gilt. Meist hat es etwas mit Ihren Schattenseiten zu tun. Es geht darum, das, was Sie an negativen Eigenschaften, Ansichten, Vorstellungen, Taten und Gedanken haben, genauer anzuschauen und zu hinterfragen. Nicht alle unsere „Fehler", Missgeschicke und dunklen Seiten sind so schwarz, dass wir Sie um jeden Preis ablegen müssen. Entscheiden Sie ganz <u>bewusst</u>, welche Schattierungen Sie sich zugestehen und welche Sie als schädlich für sich und/oder andere erkennen. Wo muten Sie sich und/oder anderen zu viel zu? Womit tuen Sie sich und anderen keinen Gefallen? Die Krähe ist die Königin

der Transformation. Sie hilft Ihnen, das, was Sie ins Positive umkehren wollen, im Handumdrehen, geschehen zu lassen.

Achten Sie auf alle Bilder, Gedanken, Empfindungen und Assoziationen, die beim Lesen der folgenden Sequenzen in Ihnen wahrnehmbar werden und finden Sie heraus, welcher Sinn sich daraus für Sie ablesen lässt:

Intelligenz geschickt anwenden – natürlich auch zum eigenen Vorteil, jedoch nicht um anderen in böser Absicht einen Nachteil zu bescheren; ein Geheimnis aus alten Zeiten darf ruhig weiterhin gehütet werden – aber vielleicht möchten Sie das gar nicht mehr? Treue kann auch falsch verstanden werden. Seien Sie anderen treu, wenn Sie sich dabei nicht selbst untreu werden; Sie haben mehrere Gesichter – nutzen Sie diese zu Ihrem Vorteil, jedoch nicht um andere arglistig zu täuschen; eine wichtige Botschaft aus der „Geistigen Welt" will wahrgenommen werden, verbinden Sie sich mit der göttlichen Quelle; Erweiterung des Bewusstseins; über den eigenen Schatten springen; die Vergangenheit anerkennen, würdigen und ruhen lassen; die Gegenwart im Moment erleben; einen Schritt nach dem anderen furchtlos in die Zukunft gehen; instinktives Wissen hilft weiter; sprechen Sie aus, was Sie zu sagen haben – zeigen Sie, wer Sie sind; ein fast vergessener Wunsch drängt ins Bewusstsein – nehmen Sie ihn ernst; neue Erfahrungen führen zu neuen Erkenntnissen; Wissen großzügig an andere weitergeben.

Übung: Visualisieren Sie eine Krähe! Sehen Sie sie? Wie sieht sie aus? Welche Assoziationen entwickeln Sie ganz spontan dazu? Lassen Sie Ihrem Geist freien Lauf und beobachten Sie, wohin Sie geführt werden.

Krake/Tintenfisch – Frieden mit der Vergangenheit

Der Krake/der Tintenfisch erinnert daran, dass alles in einen Kreislauf eingebunden ist und auf einander aufbaut. Auch Sie sind der Mensch, der Sie sind, weil Ihre Vorfahren gelebt haben und damit dafür sorgten, dass es Sie gibt. Nur ein kleiner Baustein in der Kette Ihrer Vorfahren hätte anders sein und dafür sorgen können, dass alles anders gekommen wäre. Vielleicht gäbe es Sie heute gar nicht, oder Sie wären eine andere Person in einem anderen Körper. Jeder erfüllt in dieser Kette des Lebens seine spezifische Aufgabe und bestimmt damit die Zukunft von sich selbst und allen anderen. Dabei kommt es nicht darauf an, was geschieht, sondern einzig und allein darauf, dass etwas geschieht. All das was geschieht, zieht wiederum Veränderungen nach sich und wirkt gestalterisch auf den ewigen Kreislauf. Solange Sie das, was Sie tun, mit einer positiven, liebevollen Geisteshaltung tun, können Sie nichts falsch machen. Der Krake/der Tintenfisch hilft Ihnen dabei, bei allem, was Sie tun, daran zu denken, dass Sie mit Ihren Taten unser aller Zukunft mitgestalten.

Achten Sie auf alle Bilder, Gedanken, Empfindungen und Assoziationen, die beim Lesen der folgenden Sequenzen in

Ihnen wahrnehmbar werden und finden Sie heraus, welcher Sinn sich daraus für Sie ablesen lässt:

Alles ist gut so, wie es ist: nichts geschieht ohne Grund; aus allem kann man etwas lernen; Frieden mit den Seelen der Ahnen; den Platz im Leben einnehmen; seine Wurzeln kennen; hohes Maß an Lebensweisheit; für das Spirituelle öffnen; ein Geheimnis kann enträtselt werden; Intelligenz und Kreativität führen zum Erfolg; durch gute Taten entstehen Lebensfreude und Glück; Chance um etwas Neues zu wagen; leben Sie Ihr Leben.

Übung: Visualisieren Sie einen Kraken! Sehen Sie ihn? Wie sieht er aus? Welche Assoziationen entwickeln Sie ganz spontan dazu? Lassen Sie Ihrem Geist freien Lauf und beobachten Sie, wohin Sie geführt werden.

Kranich – Innere Balance und Weiterreise

Mit dem Kranich ist eine Zeit des inneren Sammelns angesagt. Es geht darum, die Gefühle und Gedanken zu sortieren und die psychischen und physischen Kräfte zu schonen. Denn eine Zeit des Neuanfangs, des Umbruchs oder der Weiterreise steht bald bevor. Sie werden einige Turbulenzen zu meistern haben, aber mit dem Kranich an Ihrer Seite haben Sie die Möglichkeit, sich erfolgreich auf den Weg zu machen und am Ziel anzukommen. Von dort geht es dann mühelos weiter.

Achten Sie auf alle Bilder, Gedanken, Empfindungen und Assoziationen, die beim Lesen der folgenden Sequenzen in

Ihnen wahrnehmbar werden und finden Sie heraus, welcher Sinn sich daraus für Sie ablesen lässt:

Seelische Kraft kann sich jetzt regenerieren; Lebensfreude weckt Ihre Lebensgeister; ein Ereignis aus der Vergangenheit will abgeschlossen werden; konzentrierte Innenschau ist nun wichtig; ein Ziel will gut vorbereitet werden; Worte verletzen nicht, es sind die Gedanken, die Sie selbst auswählen, mit denen Sie sich selbst verletzen, wenn jemand z.B. etwas Unfreundliches zu Ihnen sagt; lassen Sie die anderen reden – es geht Sie nichts an, womit andere ihre Zeit verbringen; wertschätzen Sie Ihre Kräfte und Fähigkeiten, denn diese ermöglichen Ihnen, Ihren eigenen Weg zu gehen; seelisch-geistiges Wachstum findet statt; mit Selbstvertrauen gelingt Ihnen alles.

Übung: Visualisieren Sie einen Kranich! Sehen Sie ihn? Wie sieht er aus? Welche Assoziationen entwickeln Sie ganz spontan dazu? Lassen Sie Ihrem Geist freien Lauf und beobachten Sie, wohin Sie geführt werden.

Krebs – Das Licht in der Dunkelheit
Der Krebs nimmt Einfluss auf Ihr Schwingungsfeld. Überall dort, wo Dunkelheit in Ihnen herrscht, begibt er sich hin und vertreibt die Schatten. Träume, die in Ihnen tief vergraben sind, wirken noch in Ihrem Unterbewusstsein. Mit dem Krebs wird es Ihnen gelingen, diese und andere vergessene Wünsche, Gefühle und Gedanken wieder neu ins Licht zu heben. Geben Sie sich die Zeit, die Sie brauchen, um die Energie zwischen Innen und Außen

wieder frei fließen lassen zu können. Sehen Sie dabei zu, wie Sie von Tag zu Tag mehr an Ausstrahlung gewinnen. Es wird hell.

Achten Sie auf alle Bilder, Gedanken, Empfindungen und Assoziationen, die beim Lesen der folgenden Sequenzen in Ihnen wahrnehmbar werden und finden Sie heraus, welcher Sinn sich daraus für Sie ablesen lässt:

Zweifel verhindern die spirituelle Verbindung; das Licht ist bereits wahrnehmbar; finden Sie Ruhe und entspannen Sie sich; Entschleunigung ist angesagt; Wandlung wird jetzt möglich; über manchen Schatten gilt es zu springen; Licht am Ende des Tunnels; lassen Sie einfach zu, was nun passiert; verschwenden Sie keine Energie; die Vergangenheit darf ruhen; die Gegenwart kann nun bewusst erlebt werden; die Zukunft spielt gerade jetzt keine Rolle; alles gleicht sich aus; balancieren Sie sich langsam in Ihre Mitte; auch wenn Sie noch nicht wissen, was die Zukunft bringt, bald stehen Sie im Licht und dann sehen Sie klarer.

Übung: Visualisieren Sie einen Krebs! Sehen Sie ihn? Wie sieht er aus? Welche Assoziationen entwickeln Sie ganz spontan dazu? Lassen Sie Ihrem Geist freien Lauf und beobachten Sie, wohin Sie geführt werden.

Kröte – Den Schritt ins Licht riskieren
Was nützt es dem Wolf, wenn der Adler sagt: "Fliegen ist doch ganz einfach, man muss doch nur mit den Flügeln schlagen!?" Die Kröte zeigt sich Ihnen, um Sie an ihrer

magischen Kraft teilhaben zu lassen. Das Element der
Kröte ist die feuchte Erde und die Dunkelheit. Dort fühlt
sie sich wohl und geschützt. Sie möchte Sie daran erinnern, dass auch Sie Ihre ganz spezifischen Elemente haben, in denen Sie sich wohlfühlen. Im übertragenen Sinn
könnte das z.b. bedeuten, dass Sie sich Ihr Leben nach
eigenen Vorstellungen und Bedürfnissen einrichten sollten. Auch, wenn diese nicht unbedingt der „breiten Mas-
se" entsprechen. Jeder hat seine eigenen Stärken, Fähigkeiten und Berufungen. Die Kröte möchte Ihnen noch etwas
mitteilen! Zur Fortpflanzungszeit betritt sie ein anderes
Element. Das Element Wasser! Dort gibt sie sich mit Leib
und Seele ihrem Liebesspiel hin und besiegt dabei sogar
die Angst vor dem hellen Sonnenlicht. Im übertragenen
Sinne kann das z.b. bedeuten, dass Sie sich hin und wieder
fremden und neuen Chancen und Möglichkeiten, sowie
Ihren Ängsten stellen sollten. Treten Sie hinaus ins Licht
und zeigen Sie, was ganz speziell Sie können und wer Sie
sind.

Achten Sie auf alle Bilder, Gedanken, Empfindungen und
Assoziationen, die beim Lesen der folgenden Sequenzen in
Ihnen wahrnehmbar werden und finden Sie heraus, wel-
cher Sinn sich daraus für Sie ablesen lässt:

Ängste Überwinden; eigene Interessen, Talente und Wünsche ernst nehmen; der Unsicherheit Vertrauen schenken;
sich zurückziehen um auszuruhen; sich der Welt zeigen,
um erfolgreich zu sein; das Spiel heißt „Leben", ohne
Abenteuer gewinnt man es nicht; das Spiel heißt "Lieben",

ohne den anderen so zu nehmen, wie er ist, verliert man es; Metamorphose des Bewusstseins.

Übung: Visualisieren Sie eine Kröte! Sehen Sie sie? Wie sieht sie aus? Welche Assoziationen entwickeln Sie ganz spontan dazu? Lassen Sie Ihrem Geist freien Lauf und beobachten Sie, wohin Sie geführt werden.

Krokodil – Der Ruf der Seele nach Wandlung

Die Zeit ist gekommen, um sich für Ihre spirituelle Wahrnehmungsfähigkeit zu öffnen oder falls Sie das bereits getan haben sollten, sind Sie nun in der Lage, Ihre göttliche innere Kraft (eigene seelisch-geistige Kraft) noch tiefer mit der universellen göttlichen Kraft im Außen zu verbinden, um eins mit ihr zu werden. Über diese werden Sie lernen, sich selbst und dem Leben zu vertrauen, Ihr Bewusstsein zu stärken und sich dem Fluss des Lebens mit ganzem Herzen hinzugeben. Angst und Zweifel können sich immer mehr auflösen und neues, nie gekanntes Terrain wird sich für Sie auftun. Ein kleiner, erster Schritt in eine ganz neue Richtung, wird von großer Bedeutung für Ihr weiteres Leben sein. Halten Sie sich bereit für eine grundlegende Veränderung!

Achten Sie auf alle Bilder, Gedanken, Empfindungen und Assoziationen, die beim Lesen der folgenden Sequenzen in Ihnen wahrnehmbar werden und finden Sie heraus, welcher Sinn sich daraus für Sie ablesen lässt:

Zeit zur Transformation; Training der Achtsamkeit; Öffnung für das Spirituelle (das Seelisch-Geistige); Wachsen des Bewusstseins; Stärkung des Selbstvertrauens; selbst entscheiden und dem Herzen folgen; wissen, was zu tun ist; Mut für den Sprung in die Unsicherheit; Einlassen auf die Verwandlung; Stattfinden von Selbstheilung; Ankommen in der Gegenwart; Berufung erkennen: Heiler von sich selbst und anderen.

Übung: Visualisieren Sie ein Krokodil! Sehen Sie es? Wie sieht es aus? Welche Assoziationen entwickeln Sie ganz spontan dazu? Lassen Sie Ihrem Geist freien Lauf und beobachten Sie, wohin Sie geführt werden.

Kuckuck – Verantwortung für die eigene Wahrheit

Der Kuckuck erscheint in Ihrem Schwingungsfeld, wenn es darum geht, eine Prüfung durchzuführen. Haben Sie die richtige Entscheidung getroffen? Ist es wirklich das, was Sie wollen, oder erfüllen Sie damit eher die Erwartungen der anderen? Nicht alles, was wir tun, erscheint in den Augen der anderen richtig und gerecht zu sein. In Wahrheit kann niemand es allen recht machen. Andere wenden geschickte – in Freundlichkeit oder Dominanz verpackte – Methoden an, um Sie für ihre Zwecke zu manipulieren. Der Kuckuck hilft Ihnen dabei, sich nicht austricksen zu lassen und zu Ihren eigenen Wahrheiten zu stehen.

Achten Sie auf alle Bilder, Gedanken, Empfindungen und Assoziationen, die beim Lesen der folgenden Sequenzen in

Ihnen wahrnehmbar werden und finden Sie heraus, welcher Sinn sich daraus für Sie ablesen lässt:

Erkenntnisprozesse kommen in Gang; mit Bedacht vorgehen; nicht auf Täuschungen reinfallen, aber auch keine Täuschungen sehen, wo gar keine sind; Meditation – Innenschau; Freundschaften überprüfen (Inventur); die eigene Wahrheit leben; nicht unnötig in Gefahr begeben; vertragen Sie die Wahrheit? Muten Sie den anderen immer die Wahrheit zu? Hören Sie auf Ihr Herz, es weiß wohin Sie gehen sollen; Verantwortung übernehmen/Verantwortung übertragen.

Übung: Visualisieren Sie einen Kuckuck! Sehen Sie ihn? Wie sieht er aus? Welche Assoziationen entwickeln Sie ganz spontan dazu? Lassen Sie Ihrem Geist freien Lauf und beobachten Sie, wohin Sie geführt werden.

Kuh – Alles in Hülle und Fülle

Es steht eine von glücklichen Umständen erfüllte Zeit bevor. Etwas ganz Besonderes kündigt sich an. Etwas Neues soll und kann nun bald beginnen. Dieses kann Ihr Leben in neue, erfolgreiche Bahnen lenken. Ohne Mut zur Entscheidung und Eigenverantwortung versperren Sie sich diesem Segen.

Achten Sie auf alle Bilder, Gedanken, Empfindungen und Assoziationen, die beim Lesen der folgenden Sequenzen in Ihnen wahrnehmbar werden und finden Sie heraus, welcher Sinn sich daraus für Sie ablesen lässt:

Es ist alles in Hülle und Fülle vorhanden; der göttlichen inneren Quelle vertrauen; Intuition stärken; auf innere Bilder und Gefühle Rücksicht nehmen; den eigenen Weg gehen; ruhig auch einmal riskieren, einen Fehler zu machen; kreatives Potenzial bringt weiter; Altes aussortieren – Neues willkommen heißen; Geben und Nehmen im Gleichgewicht halten; herausfinden, was das Leben lebenswert macht; Glück, Freude und Liebe wollen verschenkt werden.

Übung: Visualisieren Sie eine Kuh! Sehen Sie sie? Wie sieht sie aus? Welche Assoziationen entwickeln Sie ganz spontan dazu? Lassen Sie Ihrem Geist freien Lauf und beobachten Sie, wohin Sie geführt werden.

Leguan – Innehalten – Kraft sammeln

Vieles hat sich in letzter Zeit getan und neue Gedanken und Ideen wurden aufgespürt und Pläne und Projekte entwickelt. Nun ist die Zeit der Ruhe vor dem großen Sturm gekommen. Jetzt wollen die gewonnenen Einsichten und vorbereiteten Schritte noch einmal in aller Ruhe betrachtet werden. Eventuell gibt es noch hier und da einige wenige Schritte zu unternehmen, um ans Ziel zu gelangen – der größte Teil ist jedoch geschafft. Jetzt geht es nicht mehr darum möglichst schnell mit den Vorhaben zum Erfolg zu gelangen, sondern sich auszuruhen und zu gegebener Zeit mit voller Kraft, das in die Welt zu bringen, was Ihnen entspricht. Warten Sie noch ein klein wenig. Halten Sie inne und regenerieren Sie körperlich, geistig und seelisch. Sie werden Ihre ganze Kraft zum Verwirklichen Ihrer Träume benötigen!

Achten Sie auf alle Bilder, Gedanken, Empfindungen und Assoziationen, die beim Lesen der folgenden Sequenzen in Ihnen wahrnehmbar werden und finden Sie heraus, welcher Sinn sich daraus für Sie ablesen lässt:

Eine Zeit der Reinigung und Sammlung steht an; zu den eigenen Wünschen und Bedürfnissen stehen; mit Gewalt ist jetzt nichts zu erreichen; für Zweifel ist nun keine Zeit mehr; Selbstsicherheit und Selbstvertrauen; die Ruhe vor dem großen Sturm; Verbindung zur göttlichen Kraft intensivieren; die Seele bekommt Flügel; die Welt wartet auf das, was Sie zu geben haben; warten zahlt sich aus; eventuell zwingt Sie Ihr Körper, sich auszuruhen; der Gesundheit einen hohen Stellenwert einräumen; Kreativitätspause; Entfaltung der eigenen Fähigkeiten; wunderbare Veränderungen für seelisches Wachstum; ruhig und gleichmäßig weiter vorwärts gehen – nichts überstürzen.

Übung: Visualisieren Sie einen Leguan! Sehen Sie ihn? Wie sieht er aus? Welche Assoziationen entwickeln Sie ganz spontan dazu? Lassen Sie Ihrem Geist freien Lauf und beobachten Sie, wohin Sie geführt werden.

Leopard/Panther – Wegweisende Visionen
Eine Zeit der positiven Veränderungen setzt ein! Seelisch-geistige Fähigkeiten kommen vermehrt zum Tragen und ermöglichen wegweisende Visionen. Setzen Sie nun voll

auf Ihre Herzensweisheit und Ihr Selbstvertrauen! Sie sind zu einer wahren Metamorphose im Stande. Wagen Sie, Ihr Ziel zu erreichen, auch, wenn es Ihren ganzen Mut erfordert. Die Zeit ist reif für das Verwirklichen eigener Berufungen!

Achten Sie auf alle Bilder, Gedanken, Empfindungen und Assoziationen, die beim Lesen der folgenden Sequenzen in Ihnen wahrnehmbar werden und finden Sie heraus, welcher Sinn sich daraus für Sie ablesen lässt:

Sprung ins Ungewisse bringt die große Veränderung; Ankommen in der Gegenwart; Altes verabschieden und Neues einladen; Meditation und Innenschau führen zu Lösungen; Mut wird belohnt; Erwartungen können Freundschaften zerstören; Selbstvertrauen und innere Stärke wachsen; Misserfolge erweisen sich später einmal als sinnvoll; mit Selbstsicherheit sicher ans Ziel; Eingebungen, Ideen und kreative Impulse wollen wahrgenommen werden; Ruhe und Entspannung sorgen für sicheres Weitergehen; Instinktiv das Richtige tun; Stärkung der Lebenskraft durch liebevolle Geisteshaltung.

Übung: Visualisieren Sie einen Panther! Sehen Sie ihn? Wie sieht er aus? Welche Assoziationen entwickeln Sie ganz spontan dazu? Lassen Sie Ihrem Geist freien Lauf und beobachten Sie, wohin Sie geführt werden.

Lerche: Kurzimpulse von sieben Krafttieren

Die Lerche betritt als Botschafterin von insgesamt sieben Krafttieren Ihr persönliches Schwingungsfeld.

Achten Sie auf alle Bilder, Gedanken, Empfindungen und Assoziationen, die beim Lesen der folgenden sieben Krafttier-Kurzimpulse in Ihnen wahrnehmbar werden und finden Sie heraus, welcher Sinn sich daraus für Sie persönlich ableiten lässt!?

Sieben Krafttiere senden Ihnen folgende Impulse:

- **Lerche**: Ein Wunsch wird erhört werden; erhöhtes künstlerisches Talent/kreative Schaffensphase.

- **Eisbär**: Angst ist überflüssig; Selbstliebe ist der Schlüssel; Heilung kann geschehen; etwas kann sich positiv verändern.

- **Eichelhäher**: Erhöhte Intuition; Autorität richtig einsetzen; etwas stabilisiert sich.

- **Schakal**: Aus der Vergangenheit die richtigen Schlüsse ziehen; schlau sein; exzellente Lernfähigkeit.

- **Hornisse**: Unnötige Angst existiert; keine Vorurteile gegenüber Fremden; die Wahrheit erkennen.

- **Meerschweinchen**: Aus der Anpassung ausbrechen; ein Abenteuer will gelebt werden; der Traum von der Freiheit kann sich erfüllen.

- **Tukan:** Farben ins Leben einladen; zu den eigenen Worten stehen; für andere da sein, aber nicht die eigenen Kräfte überstrapazieren.

Übung: Visualisieren Sie eine Lerche! Sehen Sie sie? Wie sieht sie aus? Welche Assoziationen entwickeln Sie ganz spontan dazu? Lassen Sie Ihrem Geist freien Lauf und beobachten Sie, wohin Sie geführt werden.

Libelle – Mit Leichtigkeit Träume verwirklichen

Die Libelle taucht auf, um mit ihrem Flügel- und Farbenspiel, die Leichtigkeit und Unbeschwertheit in Ihr Leben zu bringen. Sie lehrt Sie, Ihre wahren Farben zu zeigen und sich der Sonne zu präsentieren, ehe die Farben unwiederbringlich verblassen. Eine gewisse Eile ist geboten. Kein verlorener Tag kehrt jemals wieder zurück. Kehren Sie in Ihre Leichtigkeit zurück. Begeben Sie sich in den Fluss des Lebens und geben Sie sich Ihrem kreativen Spiel unbekümmert hin.

Achten Sie auf alle Bilder, Gedanken, Empfindungen und Assoziationen, die beim Lesen der folgenden Sequenzen in Ihnen wahrnehmbar werden und finden Sie heraus, welcher Sinn sich daraus für Sie ablesen lässt:

Eine bisher unentdeckte, innere Kraft erwacht; magische Momente erleben; Träume sind Wegweiser; Visionen wollen umgesetzt und verwirklicht werden; zu fliegen kann so einfach sein; der inneren Stimme vertrauen; nicht nur erkennen, sondern auch handeln; Stärkung des Selbstvertrauens; den ersten Schritt wagen; Schwierigkeiten mit Hingabe meistern; Flexibilität und Wendigkeit führen weiter; ein Ziel ist nun erreichbar.

Übung: Visualisieren Sie eine Libelle! Sehen Sie sie? Wie sieht sie aus? Welche Assoziationen entwickeln Sie ganz spontan dazu? Lassen Sie Ihrem Geist freien Lauf und beobachten Sie, wohin Sie geführt werden.

Löwe – Autorität durch Herzensweisheit

Eine neue Bewusstseinsstufe ist erreicht. Die Weisheit des Herzens breitet sich weiter aus. Sie haben eine Position bzw. eine Ausstrahlung, die Ihnen Autorität, Souveränität und Anerkennung verschafft. Andere brauchen Ihren Rat oder Ihre Führung. Der Ruf des Herzens will jetzt erhört werden und die Antwort auf alle Fragen, die es höher schlagen lässt, heißt JA. Entscheidungen wollen nun aus Ihrer Mitte heraus – und zum Wohle aller – ganz selbstverständlich getroffen werden. Nehmen Sie Ihren Platz auf dem Thron ein. Er ist Ihrer würdig.

Achten Sie auf alle Bilder, Gedanken, Empfindungen und Assoziationen, die beim Lesen der folgenden Sequenzen in Ihnen wahrnehmbar werden und finden Sie heraus, welcher Sinn sich daraus für Sie ablesen lässt:

Die eigene Stärke anerkennen und andere führen; jetzt nicht suchen, sondern finden und annehmen; Stabilität bezeichnet einen neuen Weg; im Licht erstrahlen Stärken;

authentische Ausdrucksweise und Aussagen; den Platz im Leben einnehmen; Erkenntnis, dass alles, so, wie es ist, richtig ist – Lernaufgabe; Führungskraft und -position; richtungsweisende Ideen werden geboren; Würde, Mut, Stärke und Gelassenheit reifen weiter aus; Eintritt in die nächste Bewusstseinsebene; die Welt wartet.

Übung: Visualisieren Sie einen Löwen! Sehen Sie ihn? Wie sieht er aus? Welche Assoziationen entwickeln Sie ganz spontan dazu? Lassen Sie Ihrem Geist freien Lauf und beobachten Sie, wohin Sie geführt werden.

Luchs – Vorbereitung auf den Erfolg
Der Luchs hat sich in Ihr Schwingungsfeld begeben und unterstützt Sie nun dabei, den nächsten weiterführenden Schritt vorzubereiten. Es geht nun darum, sich von alten belastenden Dingen, Gedanken und Gefühlen zu befreien. Sie brauchen diese nicht mehr. Sie dienten Ihnen nur zum Lernen. Sie haben alles gelernt, was es bisher zu lernen gab. Wenn Sie jetzt das alte Gerümpel nicht verabschieden, hindern Sie sich selbst daran, an Ihrem Ziel anzukommen. Halten Sie Innenschau, sammeln Sie Ihre Kraft, Sie sind gerade auf dem Weg in eine neue vielversprechende Zeit.

Achten Sie auf alle Bilder, Gedanken, Empfindungen und Assoziationen, die beim Lesen der folgenden Sequenzen in Ihnen wahrnehmbar werden und finden Sie heraus, welcher Sinn sich daraus für Sie ablesen lässt:

Prüfen Sie genau, wer Sie wirklich sind und was Sie wollen; über spirituelle Wahrnehmungen zurück zum Ursprung Ihres Selbst; spüren Sie, wie sich Ihre Kräfte und Energien erneuern; Sie stehen sich manchmal selbst im Weg – stehen Sie lieber zu sich selbst; ja, es gibt Träume, die zerplatzt sind, aber na und? Es warten noch genügend andere auf Sie; was raubt Ihnen nur Energie? Verabschieden Sie sich davon; lassen Sie sich jetzt nicht hängen, arbeiten Sie alles sorgfältig auf, was in der letzten Zeit liegen blieb; ein intensiver Energieaustausch mit der „Geistigen Welt" bringt jetzt weiter; Inventur im Innen und im Außen; jetzt nicht die Flinte ins Korn werfen; die Welt ist so, wie sie ist, Sie können sie nicht grundlegend ändern, aber Sie können sie ein klein wenig besser machen; synchronisieren Sie sich mit der Kraft der göttlichen Quelle; es ist jetzt die Zeit, mit Bedacht auf den großen Erfolg bzw. die große weiterführende Veränderung zuzugehen.

Übung: Visualisieren Sie einen Luchs! Sehen Sie ihn? Wie sieht er aus? Welche Assoziationen entwickeln Sie ganz spontan dazu? Lassen Sie Ihrem Geist freien Lauf und beobachten Sie, wohin Sie geführt werden.

Maikäfer – Die Spreu vom Weizen trennen

Der Maikäfer (nicht zu verwechseln mit dem Marienkäfer) taucht in Ihrem Leben auf, wenn es gilt, die Spreu vom Weizen zu trennen. Mit seiner Hilfe machen Sie den Weg für Neues frei. Der Maikäfer hilft Ihnen Ihr Leben neu zu sortieren, alte Bekanntschaften oder Freundschaften, die nur noch aus Gewohnheit bestehen, zu beenden und neue Menschen in Ihr Leben einzuladen. Eine riesige Portion Geduld bringt er Ihnen mit. Diese können Sie jetzt gebrauchen. Alte Gewohnheiten und starre Lebensumstände lassen sich nicht von heute auf morgen abstellen. Da ist der Maikäfer bares Gold wert, denn mit ihm gelingt es Ihnen, die Zeit, die Sie brauchen, abzuwarten und zielführend zu gestalten. Er stärkt Sie, für das, was kommt. Er hilft Ihnen, den Weg frei zu räumen. Lassen Sie ihn in Ihrem Herzen einziehen und er wird für eine sehr lange Zeit bei Ihnen bleiben.

Achten Sie auf alle Bilder, Gedanken, Empfindungen und Assoziationen, die beim Lesen der folgenden Sequenzen in Ihnen wahrnehmbar werden und finden Sie heraus, welcher Sinn sich daraus für Sie ablesen lässt:

Etwas, das Ihnen Unangenehm ist, will ausgesprochen werden; glückliche Momente stehen bevor; alte Freundschaften hinterfragen; neue Freundschaften knüpfen; Sie können in die Zukunft hineinfühlen und etwas vorhersagen; an Schwierigkeiten können Sie wachsen; nicht immer kommt es so, wie Sie denken – lassen Sie das zu; Vorsicht bei Neuinvestitionen; Sie sind in der Lage, eine schwierige Angelegenheit positiv zu meistern; sprechen Sie nicht von Enttäuschung, wenn jemand Sie mit seiner Ehrlichkeit verletzt; teilen Sie Ihre Freude und Ihr Glück mit anderen; alles wird gut.

Übung: Visualisieren Sie einen Maikäfer! Sehen Sie ihn? Wie sieht er aus? Welche Assoziationen entwickeln Sie ganz spontan dazu? Lassen Sie Ihrem Geist freien Lauf und beobachten Sie, wohin Sie geführt werden.

Mammut – Sozialkompetenz – Wissen der Urzeit

Das Mammut stärkt Ihr Selbst. Durch dieses Tier wird Ihnen das Wissen längst vergangener Zeiten zuteil. Ein Wissen, das Sie tief im Innern Ihres Herzen finden können, denn dort ist es als Teil Ihres Seelenplans angelegt. Wenn Ihnen das Mammut begegnet, deutet das darauf hin, dass es nun darum geht, für andere aus Ihrer Familie, Gemeinschaft oder Ihres Freundes- oder Bekanntenkreises, ein Vorbild zu sein. Zeigen Sie, dass Loyalität, Respekt und Fürsorge für Sie wichtige Werte sind. Ihre emotionale Wärme kann nun Wunder wirken.

Achten Sie auf alle Bilder, Gedanken, Empfindungen und Assoziationen, die beim Lesen der folgenden Sequenzen in Ihnen wahrnehmbar werden und finden Sie heraus, welcher Sinn sich daraus für Sie ablesen lässt:

Den Schwächeren zur Seite stehen; Sie werden von anderen sehr geschätzt; Sie sind ein Vorbild in der Gemeinschaft; Sie dürfen sich ruhig zeigen, wenn Sie einmal traurig sind; man verlässt sich auf Ihre Stärken; starke Persönlichkeit; die Quelle der Weisheit ist zugänglich; die Quelle der Kraft steht zur Verfügung; Sie finden die göttliche Quelle in sich selbst; Präsentieren Sie der Welt Ihre ganz besondere Gabe; Sie haben Einblick in Bereiche, die anderen niemals zugänglich sein werden; Sie erlangen großes Ansehen; Befreiung der Sexualität; sexuelle Lust – erotische Fantasien möchten beachtet werden.

Übung: Visualisieren Sie ein Mammut! Sehen Sie es? Wie sieht es aus? Welche Assoziationen entwickeln Sie ganz spontan dazu? Lassen Sie Ihrem Geist freien Lauf und beobachten Sie, wohin Sie geführt werden.

Marienkäfer – Verspielte Leichtigkeit
Der Marienkäfer deutet auf eine Zeit hin, die von Leichtigkeit und Glück bestimmt wird. Er kann Sie sicher dorthin begleiten. Es geht darum, sich an unbeschwerte, leichte Zeiten zu erinnern und in diese Kraft zurückzukehren – in die Kraft der Kindheit. Erinnern Sie sich gern an die Zeit in der Sie noch ein Kind waren? Dann kehren Sie zu Ihrer Neugier, Ihrem Wissensdurst und Ihrer Begeisterungsfähigkeit zurück. Erfreuen Sie sich an den kleinen Dingen des Alltags und staunen Sie über Farben, Formen, Menschen, Begegnungen, Magie …

Achten Sie auf alle Bilder, Gedanken, Empfindungen und Assoziationen, die beim Lesen der folgenden Sequenzen in Ihnen wahrnehmbar werden und finden Sie heraus, welcher Sinn sich daraus für Sie ablesen lässt:

Glücksgefühle aus der Kindheit zu neuem Leben erwecken; Liebe begleitet Ihren Weg; positive Ausstrahlung wird verstärkt; Sorgen können verabschiedet werden; Wünsche können mit Leichtigkeit erfüllt werden; Unbeschwertheit zahlt sich aus; die Seele will fliegen lernen – fliegen Sie mit ihr; ins helle Sonnenlicht hinausgehen; kreative Unternehmungen bringen Lebensfreude; neue Chancen und Möglichkeiten wollen gesehen werden.

Übung: Visualisieren Sie einen Marienkäfer! Sehen Sie ihn? Wie sieht er aus? Welche Assoziationen entwickeln Sie ganz spontan dazu? Lassen Sie Ihrem Geist freien Lauf und beobachten Sie, wohin Sie geführt werden.

Maulwurf – Verschüttete Weisheit ausgraben

Ihre Vorhaben treffen auf nährreichen Boden. Der Maulwurf hilft Ihnen dabei, die Saat für bevorstehende Erträge auszusäen und sorgt dafür, dass Sie Ihr gesamtes Potenzial freilegen können, um Ihren Weg erfolgreich weiterzugehen. Es ist jetzt die Zeit, um materielle Sicherheiten schaffen zu können. Die Antworten, wie Sie Ihre Erfolge erreichen können, finden Sie in sich. Manchmal mögen die im Herzen liegenden Antworten von den Einwänden des Verstandes verschüttet sein, doch der Maulwurf hilft Ihnen dabei, die darunter verborgenen Sehnsüchte und Bedürfnisse freizuschaufeln, um die richtigen Antworten erkennen zu können. Sehnsüchte und Bedürfnisse, ohne deren Erfüllung kein Wachstum mehr möglich ist.

Achten Sie auf alle Bilder, Gedanken, Empfindungen und Assoziationen, die beim Lesen der folgenden Sequenzen in Ihnen wahrnehmbar werden und finden Sie heraus, welcher Sinn sich daraus für Sie ablesen lässt:

Den eigenen Wertvorstellungen treu bleiben; Besinnung auf eigene Stärken; Trennung von Privatsphäre und Geschäft; noch eine Weile weiter durchhalten; Mut und Ausdauer zahlen sich aus; Freilegung der inneren Kräfte und Ressourcen; neue Chancen und Möglichkeiten aufspüren und erkennen; eine Veränderung sorgfältig vorbereiten und herbeiführen; mit dem Herzen im Dunkeln sehen.

Übung: Visualisieren Sie einen Maulwurf! Sehen Sie ihn? Wie sieht er aus? Welche Assoziationen entwickeln Sie ganz spontan dazu? Lassen Sie Ihrem Geist freien Lauf und beobachten Sie, wohin Sie geführt werden.

Maus – Lohn der ausgleichenden Gerechtigkeit

Eine Zeit bricht an, in der sich die Taten des Lebens auszahlen werden. Nichts, was jemals an Gutem getan, an Liebe gegeben oder an Hilfestellung geleistet wurde, wird ohne Anerkennung bzw. Lohn bleiben. Aber auch dort, wo wir aus Neid, Intoleranz oder ähnlichen Beweggründen anderen gegenüber nicht fair waren oder wir z.B. durch Ignoranz der Welt keinen Dienst erwiesen haben, erfolgt nun bald ein Ausgleichen. Bei diesem Ausgleichen wiegt die gegenwärtige Geisteshaltung um ein Vielfaches höher, als die Fehler aus der Vergangenheit. Gute Taten haben wenig Gewicht, wenn die derzeitige Haltung eher einer negativen entspricht. Schlechte Taten wiegen weniger, wenn aktuell Liebe, Toleranz und Wohlwollen zu den Werten des Lebens gehören. Sie haben nun die Gelegenheit, alles zu harmonisieren und sich von alter Schuld zu reinigen. Das Glück wohnt dabei auf Ihrer Seite und wird Sie für Gutes – mit vielen neuen Chancen und Möglichkeiten – belohnen. Ergreifen Sie diese Gelegenheiten.

Achten Sie auf alle Bilder, Gedanken, Empfindungen und Assoziationen, die beim Lesen der folgenden Sequenzen in Ihnen wahrnehmbar werden und finden Sie heraus, welcher Sinn sich daraus für Sie ablesen lässt:

Unterbewusstes führt zu Klärungen; neue Wege können erkannt und beschritten werden; die „Kosmischen Gesetze" bringen neues Denken; Harmonisierung und Ausgleich auf allen Ebenen; Angst will erlöst werden – nicht mehr länger verstecken; Herauskommen aus der Opferrolle; das, was eigene Bedürfnisse und Wünsche im Zaum hält, will aufgelöst werden; verlorene Seelenanteile wollen zurückkehren dürfen; ein vernachlässigter Wunsch will erfüllt werden; Chancen und Möglichkeiten brauchen Mut, um erkannt und ergriffen zu werden; es ist Zeit, für alles selbst die Verantwortung zu übernehmen; der Schlüssel liegt in der Kraftquelle Unterbewusstsein.

Übung: Visualisieren Sie eine Maus! Sehen Sie sie? Wie sieht sie aus? Welche Assoziationen entwickeln Sie ganz spontan dazu? Lassen Sie Ihrem Geist freien Lauf und beobachten Sie, wohin Sie geführt werden.

Molch – Der Wechsel zwischen den Dimensionen
Genauso, wie der Molch zwischen dem Leben im Wasser und an Land wechseln muss, um zu überleben, so gilt es

für Sie, zwischen zwei Lebensbereichen hin und her wechseln zu können. Im übertragenen Sinne kann das eventuell für Sie bedeuten, zwei oder mehrere Dinge unter einen Hut bringen zu müssen, damit Sie vorankommen. Die Betonung liegt auf „vorankommen". Prüfen Sie genau, was Ihrem Leben dienlich ist und was nicht. Es ist durchaus möglich das Leben einfacher zu gestalten, wenn man die Prioritäten neu sortiert. Der Molch begleitet Sie in eine höhere Bewusstseinsebene und hilft die Dinge klarer zu erkennen.

Achten Sie auf alle Bilder, Gedanken, Empfindungen und Assoziationen, die beim Lesen der folgenden Sequenzen in Ihnen wahrnehmbar werden und finden Sie heraus, welcher Sinn sich daraus für Sie ablesen lässt:

Hindernisse überwinden; ins kalte Wasser springen; Prüfung diverser Sachverhalte; neue Türen öffnen sich – übersehen Sie diese nicht; gehen Sie ruhig auch einmal dorthin, wo Sie sich unsicher fühlen; Erkenntnisprozesse werden angestoßen; Freundschaften pflegen; erotische Fantasien dürfen ausgelebt werden; kennen Sie Ihre Berufung? Wenn nicht, bringt der Molch Sie diesbezüglich weiter.

Übung: Visualisieren Sie einen Molch! Sehen Sie ihn? Wie sieht er aus? Welche Assoziationen entwickeln Sie ganz spontan dazu? Lassen Sie Ihrem Geist freien Lauf und beobachten Sie, wohin Sie geführt werden.

Möwe – Zwischen Himmel und Erde zu Hause

Wenn der Wind günstig weht, reicht es, die Flügel auszubreiten, um fliegen zu können. Die Möwe taucht auf, um Sie dabei zu unterstützen, zu Ihren eigenen Stärken und Talenten zu stehen. Die Nachtigall mag noch so schön singen können, einem Frosch geht ihr Gesang sicher nicht zu Herzen. Sie können es nicht jedem recht machen. Tun Sie das, was Sie können, für diejenigen, die das zu schätzen wissen. Derjenige, der es allen recht machen kann, tut sich selbst keinen Gefallen. Er vernachlässigt seine spezifische Gabe. Tun Sie das nicht, Sie haben eine Gabe, stehen Sie zu ihr. Heben Sie ab, zeigen Sie sich, seien Sie anderen ein Beispiel. Die Möwe lässt die Energie der Kreativität, der Ideenfindung, der Geselligkeit, der Veränderung, der Flexibilität und der Gemeinschaft auf Sie wirken. Nutzen Sie Ihre intuitive Kraft und lassen Sie sich davon berühren.

Achten Sie auf alle Bilder, Gedanken, Empfindungen und Assoziationen, die beim Lesen der folgenden Sequenzen in Ihnen wahrnehmbar werden und finden Sie heraus, welcher Sinn sich daraus für Sie ablesen lässt:

Wenn der richtige Wind aufdreht ist fliegen ganz einfach; eigene Ideen, Gedanken, Interessen und Talente anerkennen; den unkonventionellen Weg gehen; nicht nur die Erde, sondern auch der Himmel gehört Ihnen; ein Anspruch will verteidigt werden; den Platz in der Gemeinschaft einnehmen; Kreativität führt ans Ziel; ein Wunsch will erkannt werden; Bewusstseinswachstum und Selbsterkenntnis; auch Zweisamkeit braucht Freiheiten; ein Wagnis lässt

Wünsche wahr werden; unterwegs sein … ankommen …
unterwegs sein …

Übung: Visualisieren Sie eine Möwe! Sehen Sie sie? Wie
sieht sie aus? Welche Assoziationen entwickeln Sie ganz
spontan dazu? Lassen Sie Ihrem Geist freien Lauf und
beobachten Sie, wohin Sie geführt werden.

Murmeltier – Übergang – Viele kleine Freuden

Das Murmeltier erreicht Ihren Wirkungskreis, um Ihnen
die Verwirklichung eines Traumes/Wunsches anzukündigen. Etwas, wovon Sie insgeheim schon länger träumen,
möchte nun nicht mehr länger abgewartet bzw. ausgeses-
sen werden. Es gilt nun Verantwortung für das eigene
Glück zu übernehmen und für die eigenen Bedürfnisse
einzustehen. Sie werden eine gewisse Vorbereitungszeit
benötigen. Überstürzen Sie nichts, aber bereiten Sie nun
jeden einzelnen Schritt nach und nach vor. Nehmen Sie
sich dafür Zeit und Ruhe. Sie sollten ausgeruht und voller
Energie und Kraft sein, wenn das Ziel erreicht ist.

Achten Sie auf alle Bilder, Gedanken, Empfindungen und
Assoziationen, die beim Lesen der folgenden Sequenzen in
Ihnen wahrnehmbar werden und finden Sie heraus, wel-
cher Sinn sich daraus für Sie ablesen lässt:

Entschleunigung im Alltag ist angesagt; entdecken Sie das
Positive, das in Ihrem Leben reichlich vorhanden ist;
nehmen Sie sich Zeit für die kleinen Dinge des Lebens;
achten Sie auf Ihre Gesundheit – Ernährung, Atmung,

Bewegung; die Ruhe vor dem Sturm; ein Traum/Wunsch verlangt sich Gehör; starker familiärer Zusammenhalt; den Platz in der Gemeinschaft einnehmen; schützen Sie sich – achten Sie jetzt darauf, nicht übergangen zu werden; seien Sie bereit für einen neuen Lebensabschnitt; schulen Sie Ihre intuitiven Fähigkeiten; Sie bewegen sich auf die nächste Bewusstseinsebene zu.

Übung: Visualisieren Sie ein Murmeltier! Sehen Sie es? Wie sieht es aus? Welche Assoziationen entwickeln Sie ganz spontan dazu? Lassen Sie Ihrem Geist freien Lauf und beobachten Sie, wohin Sie geführt werden.

Muschel – Mit dem Universum verbunden
Wenn eine Muschel als Krafttier sichtbar wird, deutet das auf eine erhöhte kosmische Verbundenheit hin. Wenn Sie es nicht bereits sind, tragen Sie jetzt zumindest das Potenzial in sich, eine Person mit ausgeprägten heilerischen und/oder hellwahrnehmenden Fähigkeiten zu sein. Die Muschel fordert Sie auf, sich einer Flut inspirierender Impulse hinzugeben und das Herz zu öffnen. Erspüren Sie jetzt Ihre Chancen und Möglichkeiten und seien Sie bereit für neue Einsichten und Erkenntnisse.

Achten Sie auf alle Bilder, Gedanken, Empfindungen und Assoziationen, die beim Lesen der folgenden Sequenzen in Ihnen wahrnehmbar werden und finden Sie heraus, welcher Sinn sich daraus für Sie ablesen lässt:

Aus dem Universum empfangen; inspirierende Impulse wahrnehmen; die geistigen Gesetzmäßigkeiten verstehen; eins sein mit dem Kosmos; Wachstum auf allen Ebenen; Liebe, Zartheit und Wärme für die Seele; bereit sein für einen nächsten großen Schritt; Selbsterfahrung; Entwicklung von Selbstliebe.

Übung: Visualisieren Sie eine Muschel! Sehen Sie sie? Wie sieht sie aus? Welche Assoziationen entwickeln Sie ganz spontan dazu? Lassen Sie Ihrem Geist freien Lauf und beobachten Sie, wohin Sie geführt werden.

Nachtigall: Kurzimpulse von sieben Krafttieren

Die Nachtigall betritt als Botschafterin von insgesamt sieben Krafttieren Ihr persönliches Schwingungsfeld.

Achten Sie auf alle Bilder, Gedanken, Empfindungen und Assoziationen, die beim Lesen der folgenden sieben Krafttier-Kurzimpulse in Ihnen wahrnehmbar werden und finden Sie heraus, welcher Sinn sich daraus für Sie persönlich ablesen lässt!?

Sieben Krafttiere senden Ihnen folgende Impulse:

- **Nachtigall**: Ein Wunsch drängt machtvoll ins Bewusstsein; die Seele ruft; das Abenteuer suchen.
- **Dohle**: Gefahr erkennen; starke spirituelle Verbindung; nahezu magische Kräfte.

- **Floh**: Abhängigkeiten erkennen; festgefahrene Denk- und Verhaltensmuster erkennen und ablegen; wer raubt Ihnen Ihre Energie?
- **Heuschrecke**: Leichtigkeit zulassen; neue Spiele entdecken; etwas ausprobieren.
- **Lama**: Das Gewissen erleichtern/rein halten; auf Mitmenschen zugehen; sich selbst vertrauen.
- **Rentier**: Freundschaft erkennen; für andere da sein; sich einem anderen anvertrauen bzw. einem anderen vertrauen.
- **Specht**: Das Herz öffnen; versteckte Gefühle zulassen; Begegnung der Herzen.

Übung: Visualisieren Sie eine Nachtigall! Sehen Sie sie? Wie sieht sie aus? Welche Assoziationen entwickeln Sie ganz spontan dazu? Lassen Sie Ihrem Geist freien Lauf und beobachten Sie, wohin Sie geführt werden.

Nashorn – Allumfassende Weisheit

Das Nashorn ist ein Einzelgänger und es lebt schon seit vielen tausend Jahren auf unserer Erde. Es trägt daher einen unglaublich großen Erfahrungsschatz und umfassende Weisheit in sich. Das Nashorn taucht in Ihrem Leben auf, um Ihnen das Gefühl von Sicherheit und Behaglichkeit zu geben. Auch in einer Zeit des Alleinseins, können Sie mit der Hilfe des Nashorns gut über die Runden kommen. Es wird Sie sicher begleiten und Sie an Ihr eigentliches Ziel führen. Die Zeit ist nun günstig, sich selbst zu erkennen und entsprechende Schritte einzuleiten.

Achten Sie auf alle Bilder, Gedanken, Empfindungen und Assoziationen, die beim Lesen der folgenden Sequenzen in Ihnen wahrnehmbar werden und finden Sie heraus, welcher Sinn sich daraus für Sie ablesen lässt:

Hohe Sensibilität; feststellen, wen Sie gut riechen können und wen nicht; den Unterschied erkennen; Wertschätzung individueller Werte; auf die innere Weisheit vertrauen; genau hinhören; die eigenen Stärken und Fähigkeiten würdigen; zwischen den Zeilen lesen; Sie wissen viel mehr als Sie denken; es wird Zeit sich einer höheren spirituellen Ebene zu öffnen oder weiter zu wachsen; Neuausrichtung bzw. Perspektivenwechsel; ankommen in der Gegenwart.

Übung: Visualisieren Sie ein Nashorn! Sehen Sie es? Wie sieht es aus? Welche Assoziationen entwickeln Sie ganz spontan dazu? Lassen Sie Ihrem Geist freien Lauf und beobachten Sie, wohin Sie geführt werden.

Nilpferd/Flusspferd – Gefühle und Bewusstsein

Das Nilpferd/Flusspferd taucht auf, weil Sie gerade etwas Unterstützung darin brauchen, Ihre wahren Gefühle zuzulassen und sich gegen Ihre Außenwelt zu behaupten. Dieses Tier wirkt schwerfällig und friedfertig, jedoch ist es eines der gefährlichsten weltweit. Auf Sie übertragen könnte das bedeuten, dass Sie nach außen hin ruhig oder sogar kraftlos wirken, in Wahrheit steckt in Ihnen jedoch das Potenzial einer sehr starken Persönlichkeit, die lernen soll, für sich einzustehen und sich nach außen klar abzugrenzen. Auch kann es sein, dass Sie Ihre wahren Gefühle bewusst oder unbewusst verleugnen. Es ist Zeit, auf eine Art und Weise zu fühlen und zu kämpfen, wie es Ihrer wahren Natur entspricht.

Achten Sie auf alle Bilder, Gedanken, Empfindungen und Assoziationen, die beim Lesen der folgenden Sequenzen in Ihnen wahrnehmbar werden und finden Sie heraus, welcher Sinn sich daraus für Sie ablesen lässt:

Was ist wirklich an Gefühlen in Ihnen? Wie sehen Ihre Wünsche tatsächlich aus? Leben Sie das Leben, das Sie leben möchten? Meditation – Innenschau – Entwirrung der Gefühle; Chancen und Möglichkeiten möchten erkannt werden; Neues kündigt sich an – überstürzen Sie nichts; kreative Energie will freigelegt werden; der Ruf der Seele wird hörbar; dem Leben vertrauen und sich hingeben; den Weg erkennen und voranschreiten; mit der göttlichen Quelle verbinden und sich sicher fühlen; manchmal kann man auch einmal nicht für einen Freund da sein – nämlich dann, wenn es die eigenen Kräfte überfordert.

Übung: Visualisieren Sie ein Nilpferd! Sehen Sie es? Wie sieht es aus? Welche Assoziationen entwickeln Sie ganz spontan dazu? Lassen Sie Ihrem Geist freien Lauf und beobachten Sie, wohin Sie geführt werden.

Otter – Originalität und Schöpferkraft

Neues kündigt sich an und bietet Chancen und Möglichkeiten, der eigenen Originalität und der eigenen kreativen Kraft Ausdruck zu verleihen. Spielen Sie mal hier und probieren Sie mal da. Stellen Sie Ihr Selbstvertrauen auf die Probe. Geben Sie sich Ihren Visionen hin und spüren Sie genau nach, wie sehr Sie sich selbst vertrauen. Selbstzweifel sind jetzt fehl am Platz, Sie haben alle Möglichkeiten, Ihre Gabe in die Welt zu tragen. Lassen Sie sich nicht von anderen davon abhalten.

Achten Sie auf alle Bilder, Gedanken, Empfindungen und Assoziationen, die beim Lesen der folgenden Sequenzen in Ihnen wahrnehmbar werden und finden Sie heraus, welcher Sinn sich daraus für Sie ablesen lässt:

Neue Chancen und Möglichkeiten; verborgene Wünsche und Sehnsüchte drängen ins Licht; kreative Kraft kann mobilisiert werden; Zeit um zu sich selbst zu stehen; Leichtigkeit und Liebe sind die Schlüssel; Zwang und Verbissenheit blockieren den Erfolg; Selbstverwirklichung; anders sein als die anderen zahlt sich aus; andere behindern den eigenen Weg; innere Bilder nach außen bringen; Gefühle, Wünsche und Bedürfnisse ernst nehmen; Träume deuten den Weg; Selbstvertrauen und Zuversicht führen ans Ziel.

Übung: Visualisieren Sie einen Otter! Sehen Sie ihn? Wie sieht er aus? Welche Assoziationen entwickeln Sie ganz spontan dazu? Lassen Sie Ihrem Geist freien Lauf und beobachten Sie, wohin Sie geführt werden.

Pandabär – Innen und Außen in Balance

Der Pandabär taucht in Ihrem Umfeld auf, um Sie daran zu erinnern, dass es immer zwei Seiten gibt. Keine Seite kann ohne die andere existieren. Es gäbe kein „Gut", wenn es kein „Böse" gäbe. Es gäbe kein „Unten", wenn es nicht auch ein „Oben" gäbe. Es gäbe keine Freude, wenn es kein Leid gäbe und Sie könnten nicht glücklich sein, wenn Sie nicht auch traurig sein könnten. Um etwas wirklich zu verstehen, gilt es immer beide Seiten ausfindig zu machen und beide anzuerkennen und zu respektieren. Man muss die andere Seite nicht gut finden, jedoch findet keine Entwicklung statt, wenn man nicht versucht sie zu erkennen und zu respektieren.

Achten Sie auf alle Bilder, Gedanken, Empfindungen und Assoziationen, die beim Lesen der folgenden Sequenzen in Ihnen wahrnehmbar werden und finden Sie heraus, welcher Sinn sich daraus für Sie ablesen lässt:

Die Balance zwischen Ausruhen und Weitergehen halten; sich selbst finden, aber auch die anderen sehen; sich selbst treu bleiben; sich mit dem Kosmos verbinden und empfangen; Zweifel besiegen; wenn Ihnen das, was Sie sehen, nicht gefällt, versuchen Sie eine andere Brille aufzusetzen; alle Menschen dieser Welt sind gleichberechtigt – keine Kultur ist die bessere. Jedoch lassen sich gewisse kulturelle Wahrheiten nicht miteinander vereinen. Respekt für den, der anders denkt und fühlt, ist hier der Schlüssel; auch wenn Sie es zurzeit nicht leicht haben, die Chancen und Möglichkeiten auf eine bessere Zeit sind zum Greifen nahe; warten Sie noch eine Weile ab, ruhen Sie sich noch ein wenig aus; lassen Sie los und haben Sie dann den Mut zur Veränderung bzw. zum Weitergehen.

Übung: Visualisieren Sie einen Pandabären! Sehen Sie ihn? Wie sieht er aus? Welche Assoziationen entwickeln Sie ganz spontan dazu? Lassen Sie Ihrem Geist freien Lauf und beobachten Sie, wohin Sie geführt werden.

Papagei – Kommunikation und Austausch

Der Papagei betritt Ihr Schwingungsfeld, weil es nun gilt, sich mit anderen auszutauschen. Es geht hier um die gleichberechtigte Kommunikation zwischen zwei oder mehreren Beteiligten. Es geht nicht nur darum, sich Raum zu verschaffen, um die eigenen Belange mitzuteilen, sondern auch darum, den oder die anderen mit dessen/deren Anliegen genauso zu Wort kommen zu lassen und ernst zu nehmen. Hören Sie, was andere Ihnen zu sagen haben. Versuchen Sie nicht ihnen Ihre Meinung überzustülpen. Jeder hat das Recht auf eine eigene Meinung, selbst dann, wenn man die Meinung des anderen so ganz und gar nicht verstehen kann. Bringen Sie in Ihre Gespräche Ihre Sozialkompetenz ein. Tauschen Sie sich mit Respekt, Weisheit, Intelligenz und Mitgefühl aus. Mit dem Papagei an Ihrer Seite dürften Ihnen geradezu magische und für beide Seiten heilsame Gespräche gelingen. Sie haben therapeutische bzw. beraterische Fähigkeiten.

Achten Sie auf alle Bilder, Gedanken, Empfindungen und Assoziationen, die beim Lesen der folgenden Sequenzen in

Ihnen wahrnehmbar werden und finden Sie heraus, welcher Sinn sich daraus für Sie ablesen lässt:

In tiefer Verbindung zur Natur; gegenseitiges Verstehen; Hoffnung kehrt berechtigt zurück; eine schöne aufregende Zeit steht bevor; ein „Wunder" wird geschehen; Wertvorstellungen und Überzeugungen bedürfen zum Teil einer Überholung; Wünsche und Ziele können nun ganz neu und konkret ausgestaltet werden; Sie haben „magische" Fähigkeiten – Heilung – Blick in die Zukunft; Sie kommen nicht umhin gewisse Dinge einzusehen; Sie sind für andere Menschen eine große Hilfe; unbändige Lebensfreude; leben Sie Ihr Leben – unbeschwert und mit größter Freude.

Übung: Visualisieren Sie einen Papagei! Sehen Sie ihn? Wie sieht er aus? Welche Assoziationen entwickeln Sie ganz spontan dazu? Lassen Sie Ihrem Geist freien Lauf und beobachten Sie, wohin Sie geführt werden.

Pegasus – Veränderter Blickwinkel – Freie Sicht

Der Pegasus hält sich in Ihrem Schwingungsfeld auf, weil es Zeit ist, sich neuen Chancen, Möglichkeiten, Erkenntnissen, Ansichten und Überzeugungen zu öffnen. Es ist die Zeit des stetig wachsenden Bewusstseins. Sie leben in Freiheit, machen Sie sich das bewusst. Alle Schranken, Mauern und Begrenzungen in Ihrem Leben existieren nur, weil Sie diese aufrechterhalten. Es wird Zeit sich zu befreien und sich der Welt authentisch zu präsentieren. Hocherhobenen Hauptes. Sie müssen auch einmal an sich denken und nicht nur an die anderen.

Achten Sie auf alle Bilder, Gedanken, Empfindungen und Assoziationen, die beim Lesen der folgenden Sequenzen in Ihnen wahrnehmbar werden und finden Sie heraus, welcher Sinn sich daraus für Sie ablesen lässt:

Antworten finden Sie in Traum, Meditation und Trance; lassen Sie sich von der Energie des Universums durchfluten – geben Sie sich hin; etwas, an dem Sie schon viel zu lange festhalten, will losgelassen werden; alles ist möglich – der Schlüssel ist Ihre kreative Kraft; wenn es Ihnen in der Realität nicht möglich ist zu fliegen, dann tun Sie es doch vorerst in Ihrer Fantasie – sie wird Sie beflügeln; spirituelles Wachstum findet statt; Erkenntnisprozesse werden angestoßen und bringen weiter; magische Kraft ist in Ihnen – nutzen Sie diese in Liebe und zum Wohle aller; intensive Verbindung zur „Geistigen Welt"; Sie wachsen über sich hinaus; es ist möglich, dass Sie zurzeit getäuscht werden. Vielleicht täuschen Sie sich aber auch selbst? Prüfen Sie jetzt alles mit Herz und Verstand; sehen Sie das Licht, wenn Sie die Augen schließen? Es ist geistige Energie – verbinden Sie sich mit Ihrem inneren Licht und lassen Sie Heilung geschehen – in Ihrem Körper, Ihrem Geist und Ihrer Seele; neue Perspektiven führen in den Erfolg.

Übung: Visualisieren Sie einen Pegasus! Sehen Sie ihn? Wie sieht er aus? Welche Assoziationen entwickeln Sie ganz spontan dazu? Lassen Sie Ihrem Geist freien Lauf und beobachten Sie, wohin Sie geführt werden.

Pelikan – Alle Formen der Liebe

Der Pelikan ermöglicht Ihnen, Ihr Herz zu öffnen und jeden und alles darin einzuschließen. Ja, es wird Ihnen möglich, Ihre Liebe großzügig zu verschenken ohne eine Gegenleistung zu erwarten. Sie geben sie aus freien Stücken, überall dort, wo Sie mit ihr die Welt ein wenig besser machen können. Sie spenden Trost, Wohlergehen, Gesundheit, Heilung und Balsam für die Seelen. Der Pelikan macht Ihnen all das möglich, zugleich ermahnt er Sie dazu, sich nicht zu verausgaben und das eigene Wohlergehen im Blick zu halten. Finden Sie die Balance.

Achten Sie auf alle Bilder, Gedanken, Empfindungen und Assoziationen, die beim Lesen der folgenden Sequenzen in Ihnen wahrnehmbar werden und finden Sie heraus, welcher Sinn sich daraus für Sie ablesen lässt:

Lebenskraft kehrt zu Ihnen und zu anderen zurück; Sie vertreiben anderen die Einsamkeit; lassen Sie sich nichts gefallen, jedoch lenken Sie ein, wenn Sie erkennen, dass Sie im Unrecht sind; manchmal lohnt es sich, nachzugeben; festgefahrene Denk- und Verhaltensmuster können nun verabschiedet werden; Veränderung findet statt; Weiterentwicklung vom Kind zum Erwachsenen/vom Schüler zum Lehrer/vom Beschützten zum Beschützer; Selbstverwirklichung; das Gute im anderen sehen; in Verbindung mit dem Kosmos ; sexuelle/erotische Fantasien und Bedürfnisse möchten beachtet werden; Sie werden für Ihre Taten gewürdigt.

Übung: Visualisieren Sie einen Pelikan! Sehen Sie ihn? Wie sieht er aus? Welche Assoziationen entwickeln Sie ganz spontan dazu? Lassen Sie Ihrem Geist freien Lauf und beobachten Sie, wohin Sie geführt werden.

Pfau – Charisma und Selbstwert

Der Pfau ist in Ihrem Schwingungsfeld präsent, denn Sie brauchen gerade seine Unterstützung. Er will Sie auf Ihre innere Schönheit und Einzigartigkeit aufmerksam machen. Mit ihm an Ihrer Seite werden Sie in Kürze Ihre charismatische Ausstrahlung zurückerlangen und in der Lage sein, sich in all Ihren Farben zu zeigen. Nehmen Sie würdevoll Ihren Platz in der Gemeinschaft ein. Man wird Sie verehren.

Achten Sie auf alle Bilder, Gedanken, Empfindungen und Assoziationen, die beim Lesen der folgenden Sequenzen in Ihnen wahrnehmbar werden und finden Sie heraus, welcher Sinn sich daraus für Sie ablesen lässt:

Zeigen Sie sich so, wie Sie sind – ohne Angst, Zweifel, Scham und Schuld; Sie haben alles im Blick – es wird Ihnen nichts entgehen; Ihr Selbstbewusstsein wächst; Sie entwickeln sich auf allen Ebenen weiter; sollten Sie fallen oder gefallen sein, so stehen Sie erhobenen Hauptes wieder auf; Ihre intuitiven/hellsichtigen Fähigkeiten können sich jetzt rasant entwickeln; das Leben ist ein Geschenk – nehmen Sie es als solches an.

Übung: Visualisieren Sie einen Pfau! Sehen Sie ihn? Wie sieht er aus? Welche Assoziationen entwickeln Sie ganz spontan dazu? Lassen Sie Ihrem Geist freien Lauf und beobachten Sie, wohin Sie geführt werden.

Pferd – Lektionen führen in die Freiheit

Sie befinden sich gerade in einer Phase Ihres Lebens, in der es wichtige Lektionen zu lernen gibt. Sie wissen auch genau, welche das sind, auch wenn Sie dies verneinen sollten. Es gilt nun die richtigen Schlüsse aus Ihren Erfahrungen zu ziehen um persönlich wachsen zu können. Heilung und Auflösung können bald geschehen. Behalten Sie sich dabei selbst im Blick und gehen Sie dazu in Kontakt mit Ihrem Herzen! Die Botschaften des Pferdes werden Sie erreichen, wenn Sie in Kontakt mit Ihrem Herzen sind.

Achten Sie auf alle Bilder, Gedanken, Empfindungen und Assoziationen, die beim Lesen der folgenden Sequenzen in Ihnen wahrnehmbar werden und finden Sie heraus, welcher Sinn sich daraus für Sie ablesen lässt:

Sichere Begleitung auf dem Weg durch die Lernaufgaben; mit Herzensweisheit den Weg erkennen; eine Entscheidung steht an; ein Stück des Weges allein gehen, um bei sich selbst anzukommen; Selbstvertrauen kann nun wachsen; im Hier und Jetzt ankommen; neuausrichten und gestärkt weitergehen; eigenverantwortlich das Leben gestalten; andere möchten von Ihnen lernen und begleitet werden; neue Chancen und Möglichkeiten bieten sich; dem Ruf des Herzens folgen.

Übung: Visualisieren Sie ein Pferd! Sehen Sie es? Wie sieht es aus? Welche Assoziationen entwickeln Sie ganz spontan dazu? Lassen Sie Ihrem Geist freien Lauf und beobachten Sie, wohin Sie geführt werden.

Phönix – Transformation

Der Phönix ist ein ganz besonderes Wesen des „geistig-energetischen Feldes". Er zeigt an, dass Sie eine Zeit durchlebt haben, die nun zu Ende geht. Es ist Zeit, sich von den alten hindernden Bedingungen und Verstrickungen zu verabschieden und sich gestärkt auf etwas ganz Neues einzulassen. Die Mühen der letzten Zeit gehören der Vergangenheit an und frische seelisch-geistige Energie steht in Hülle und Fülle zum Abruf bereit. Werden Sie sich darüber <u>bewusst</u>, dass Ihnen eine ganz besondere Zeit bevorsteht.

Achten Sie auf alle Bilder, Gedanken, Empfindungen und Assoziationen, die beim Lesen der folgenden Sequenzen in Ihnen wahrnehmbar werden und finden Sie heraus, welcher Sinn sich daraus für Sie ablesen lässt:

Legen Sie die Fesseln ab; begeben Sie sich ins Licht; spüren Sie Ihre Kräfte und Energien; schreiten Sie erhobenen Hauptes voran; das Blatt wendet sich zum Guten; mancher Abschied ist schwer, doch er bringt Sie weiter; lassen Sie los; intensiver Energieaustausch mit der „Geistigen Welt"; seelisch-geistiges Wachstum findet statt; lassen Sie sich ein, auf die positive Kraft, die um Sie herum wirkt; die nächst höhere Bewusstseinsebene wird beschritten; fühlen

Sie die Verbindung zur göttlichen Quelle und stärken Sie das Vertrauen auf sie; lernen Sie wieder mit Kinderaugen zu sehen.

Übung: Visualisieren Sie einen Phönix! Sehen Sie ihn? Wie sieht er aus? Welche Assoziationen entwickeln Sie ganz spontan dazu? Lassen Sie Ihrem Geist freien Lauf und beobachten Sie, wohin Sie geführt werden.

Pinguin – Klarheit in der Beziehung

Der Pinguin tritt auf den Plan, um Ihnen eine Form von Beziehung vorzustellen. Geht es um eine Liebesbeziehung, hält der Pinguin viel von Treue und Anpassung. Für ihn ist klar, dass er sich Zeit seines Lebens nicht von seinem Partner/seiner Partnerin trennen wird. Er möchte jedoch nur als einzelnes Beispiel dienen und deutlich machen, dass es noch viele andere Möglichkeiten gibt, Beziehungen zu definieren. Ob Sie sich nun die ewige Treue wünschen oder die Qualität einer Beziehung an ganz anderen Merkmalen festmachen, spielt im Grunde keine Rolle. Es geht darum, eine Partnerin/einen Partner zu finden, der die gleiche Vorstellung von einer gemeinsamen Beziehung hat, wie Sie selbst. Gestehen Sie anderen zu, andere Vorstellung von Liebe und Partnerschaft zu haben, als Sie selbst. Im übertragenen Sinne bezieht sich das nicht nur auf Liebesbeziehungen, sondern auf Beziehungen ganz allgemein. Wertschätzen Sie die Andersartigkeit eines jeden. Der Pinguin macht es Ihnen möglich, anderen vorurteilsfrei zu begegnen.

Achten Sie auf alle Bilder, Gedanken, Empfindungen und Assoziationen, die beim Lesen der folgenden Sequenzen in Ihnen wahrnehmbar werden und finden Sie heraus, welcher Sinn sich daraus für Sie ablesen lässt:

Es ist Zeit, sich näher zu kommen; Zugehörigkeiten im Freundes- und Familienkreis klären; achtsames Miteinander; sich gegenseitig respektieren; sich selbst und die anderen wertschätzen; die Grenzen der anderen nicht überschreiten – die eigenen Grenzen nach außen verteidigen; Stabilität stellt sich ein; Sie ernten Respekt und Anerkennung; dem Herzen folgen und den Verstand mit Feingefühl einbeziehen; ein starkes emotionales Band entsteht; tiefe Verbundenheit.

Übung: Visualisieren Sie einen Pinguin! Sehen Sie ihn? Wie sieht er aus? Welche Assoziationen entwickeln Sie ganz spontan dazu? Lassen Sie Ihrem Geist freien Lauf und beobachten Sie, wohin Sie geführt werden.

Puma – Entschlusskraft, Vorausschau, Hellsicht
Der Puma gesellt sich an Ihre Seite, wenn Sie fälschlicherweise der Meinung sind, dass andere Sie eher gering schätzen und Sie nicht anerkennen. Das entspricht nicht der Wahrheit und beruht nur auf Ihrer eigenen Interpretation. Sie werden sehr wohl geschätzt. Halten Sie den Puma in Ihrem Bewusstsein und Selbstzweifel werden sich bald in Luft auflösen.

Achten Sie auf alle Bilder, Gedanken, Empfindungen und Assoziationen, die beim Lesen der folgenden Sequenzen in Ihnen wahrnehmbar werden und finden Sie heraus, welcher Sinn sich daraus für Sie ablesen lässt:

Legen Sie nicht jedes Wort auf die Goldwaage; gehen Sie auf andere Menschen mit offenem Herzen zu; Sie werden gemocht, obwohl Sie für andere manchmal schwer zu verstehen sind; Austausch mit Gleichgesinnten bringt Sie jetzt weiter; auch wenn es schwierig wird, Sie haben es in der Hand; überwinden Sie Ihr Zögern und stehen Sie zu Ihren Vorhaben; Stärke und Entschlusskraft bringen Sie weiter; wohlüberlegte Entscheidungen führen zum Erfolg; mit dem Puma an Ihrer Seite kann man Ihnen so leicht nichts vormachen; Ihre spirituellen Wahrnehmungsfähigkeiten können jetzt außergewöhnliche Dimensionen annehmen; Selbstbewusstsein und Selbstvertrauen können jetzt wachsen; halten Sie Ihr Ziel im Auge, warten Sie auf den richtigen Moment, um den Erfolg garantiert erreichen zu können; Antworten finden Sie jetzt in Ihren Träumen; Ihre Intuition führt Sie sicher; Ihre Herzensweisheit reift stetig weiter.

Übung: Visualisieren Sie einen Puma! Sehen Sie ihn? Wie sieht er aus? Welche Assoziationen entwickeln Sie ganz spontan dazu? Lassen Sie Ihrem Geist freien Lauf und beobachten Sie, wohin Sie geführt werden.

Qualle – Grenzenlose Freiheit der Gefühle

Begegnet Ihnen die Qualle in Ihrem Schwingungsfeld, so deutet das darauf hin, dass Sie sich nun Ihren Gefühlen hingeben sollten. Es mag sein, dass es Bereiche in Ihrer Gefühlswelt gibt, die Ihnen unangemessen oder sogar peinlich scheinen. Die Qualle bittet Sie, sich einmal gehen zu lassen. Lassen Sie Scham und Schuld los. Ihre Gefühle sind Ihnen nicht gegeben, um sie zu verleugnen. Sie weisen Ihnen den richtigen Weg. Den Weg Ihres Herzens. Lassen Sie nicht zu, dass Ihr Verstand Ihre Gefühle blockiert.

Achten Sie auf alle Bilder, Gedanken, Empfindungen und Assoziationen, die beim Lesen der folgenden Sequenzen in Ihnen wahrnehmbar werden und finden Sie heraus, welcher Sinn sich daraus für Sie ablesen lässt:

Die Qualle bewahrt Sie vor einer Täuschung; dem Herzen folgen; loslassen; jemand meint es sehr gut mit Ihnen – zeigen Sie sich dankbar dafür; Sie können nun getrost Ihre Kräfte schonen, das Ziel, das Sie vor Augen haben, erreichen Sie jetzt auch ohne viel Anstrengung; riskieren Sie ruhig einen Fehler – die Qualle sorgt dafür, dass Sie immer wieder in die richtige Richtung treiben; die Schlüssel heißen Vertrauen und Hingabe; die Gedanken und Gefühle sind frei – niemand kann Ihnen das Denken und Fühlen verwehren – Sie dürfen zu sich selbst stehen.

Übung: Visualisieren Sie eine Qualle! Sehen Sie sie? Wie sieht sie aus? Welche Assoziationen entwickeln Sie ganz spontan dazu? Lassen Sie Ihrem Geist freien Lauf und beobachten Sie, wohin Sie geführt werden.

Rabe – Wachstum durch magische Erfahrungen

Der Rabe lässt die vergessenen Botschaften der Seele wieder laut und hörbar werden. Die Zeit des Abwartens und des Zögerns geht zu Ende. Die Magie des Lebens wird spürbar. Große Neuigkeiten kündigen sich an. Es wird Zeit, sich dem Neuen zu öffnen und sich den sich bietenden Wachstumsmöglichkeiten zu öffnen. Selbstbewusstsein und Selbstvertrauen können mit neuen Chancen und Möglichkeiten wachsen. Steine, die jetzt noch im Weg liegen, können überwunden werden. Ein Sieg bzw. ein Erfolg steht bevor.

Achten Sie auf alle Bilder, Gedanken, Empfindungen und Assoziationen, die beim Lesen der folgenden Sequenzen in Ihnen wahrnehmbar werden und finden Sie heraus, welcher Sinn sich daraus für Sie ablesen lässt:

Die innere Stimme meldet sich zu Wort; Zeit zum Meditieren; die Magie des Lebens sehen können; Zeichen wollen erkannt werden; was gilt es zu durchbrechen? Was hält Sie von etwas Wichtigem ab? Träume können verwirklicht werden; Körper, Geist und Seele in Harmonie bringen; etwas will beendet werden; ja sagen, zu dem, was ist; auch die Schatten gehören dazu; Verlorenes kehrt zu Ihnen zurück.

Übung: Visualisieren Sie einen Raben! Sehen Sie ihn? Wie sieht er aus? Welche Assoziationen entwickeln Sie ganz spontan dazu? Lassen Sie Ihrem Geist freien Lauf und beobachten Sie, wohin Sie geführt werden.

Ratte – Die wahren Farben der Seele

Ein neuer Abschnitt des Lebens steht bevor. Etwas geht zu Ende und so entsteht Platz für etwas ganz Neues. Es lohnt sich jetzt, aktiv auf neue Chancen und Möglichkeiten zuzugehen und in ein neues Leben aufzubrechen, denn Pläne und neue Ideen können nun mit großer Aussicht auf Erfolg umgesetzt werden. Im Grunde wissen Sie, was Sie zu tun haben, also zeigen Sie Ihre wahren Farben. Mit anderen Worten: Stehen Sie jetzt zu sich selbst, Ihren Wünschen, Bedürfnissen und Zielen. Vertrauen Sie Ihrer Intuition, hören Sie den Ruf Ihres Herzens. Die Zeit ist reif dafür!

Achten Sie auf alle Bilder, Gedanken, Empfindungen und Assoziationen, die beim Lesen der folgenden Sequenzen in Ihnen wahrnehmbar werden und finden Sie heraus, welcher Sinn sich daraus für Sie ablesen lässt:

Das Glück ins Leben einladen; alte Belastungen loslassen; die positiven Dinge des Lebens anerkennen und würdigen; negative Erlebnisse vergessen; anderen Menschen verzeihen; abschließen mit der Vergangenheit und neuanfangen; ankommen im Hier und Jetzt; zeigen, wer man ist, wie man denkt und fühlt; eigene Ideen kreieren und in die Welt bringen; Stärkung des Selbstbewusstseins; sichere

Führung durch spirituelle Verbindung nach außen; Grundstein für Erfolg und Zufriedenheit.

Übung: Visualisieren Sie eine Ratte! Sehen Sie sie? Wie sieht sie aus? Welche Assoziationen entwickeln Sie ganz spontan dazu? Lassen Sie Ihrem Geist freien Lauf und beobachten Sie, wohin Sie geführt werden.

Reh – Gefühle zeigen

Wenn sich das Reh zeigt, deutet das darauf hin, dass Gefühle in Ihnen sind, die danach drängen, befreit zu werden. Sie möchten gesehen und ins Licht gehoben werden. Das Reh bestärkt Sie darin, zu Ihren Gefühlen zu stehen und diese nach außen hin zu vertreten. Ja, Sie werden geradezu dazu aufgefordert, Ihre Gefühle zu feiern. Das Reh ist zart, steckt jedoch voller Selbstvertrauen und weiß sich gekonnt durchzusetzen. Nehmen Sie sich ein Beispiel an ihm.

Achten Sie auf alle Bilder, Gedanken, Empfindungen und Assoziationen, die beim Lesen der folgenden Sequenzen in Ihnen wahrnehmbar werden und finden Sie heraus, welcher Sinn sich daraus für Sie ablesen lässt:

Eine Zeit der Liebe steht bevor; erlauben Sie einem anderen zu denken und zu fühlen, wie es für ihn richtig ist, dann können Sie ihm vertrauen. Jeder, der sich vor Ihnen nicht so zeigen darf, wie er nun einmal ist, muss Sie irgendwann enttäuschen; Demut vor der Andersartigkeit; Frieden mit sich und der Welt; Liebe entfaltet sich dort, wo sie frei sein darf – sie will nicht festgehalten werden; teilen Sie Ihre Erfahrungen mit anderen, aber zwängen Sie diese nicht anderen auf. Andere mögen andere Wahrheiten für sich selbst erkannt haben und denken und fühlen anders als Sie; mit Verständnis und Liebe lösen Sie ein Problem; Sie erreichen mit dem Reh die nächste Bewusstseinsebene – Sie wachsen seelisch-geistig.

Übung: Visualisieren Sie ein Reh! Sehen Sie es? Wie sieht es aus? Welche Assoziationen entwickeln Sie ganz spontan dazu? Lassen Sie Ihrem Geist freien Lauf und beobachten Sie, wohin Sie geführt werden.

Reiher – Starke intuitive Wahrnehmungsfähigkeit

Der Reiher zeigt sich in Ihrem Schwingungsfeld, wenn es gilt, sich zu beruhigen bzw. auszuruhen. Es geht nun darum, den richtigen Zeitpunkt nicht zu verpassen und womöglich durch Unachtsamkeit sich bietende Chancen und Möglichkeiten zu übersehen. Es lohnt sich nun mit Bedacht und Entschlossenheit die richtigen Entscheidungen zum richtigen Zeitpunkt zu treffen. Der Reiher begleitet Sie und führt Sie auf Ihrem Weg zu Ihrer Lebensaufgabe weiter.

Achten Sie auf alle Bilder, Gedanken, Empfindungen und Assoziationen, die beim Lesen der folgenden Sequenzen in Ihnen wahrnehmbar werden und finden Sie heraus, welcher Sinn sich daraus für Sie ablesen lässt:

Auf dem Weg der Selbstfindung; in der Ruhe liegt die Kraft; Gelassenheit entwickeln; seelisch-geistiges Wachstum findet statt; in Kontakt mit der göttlichen Quelle; Meditation und Innenschau; nehmen Sie Ihre Wünsche und Bedürfnisse ernst; Vertrauen Sie auf Ihr Bauchgefühl; starke intuitive Wahrnehmungsfähigkeit; wahren Sie Ihre Grenzen und die, der anderen; alte, tiefliegende, hinderliche psychische Programme können gelöscht werden; niemand hat Macht über Sie; verzeihen Sie sich Ihre in Vergangenheit gemachten Fehler – stehen Sie zu sich.

Übung: Visualisieren Sie einen Reiher! Sehen Sie ihn? Wie sieht er aus? Welche Assoziationen entwickeln Sie ganz spontan dazu? Lassen Sie Ihrem Geist freien Lauf und beobachten Sie, wohin Sie geführt werden.

Schaf – Den Träumen auf der Spur

Wenn das Schaf sich Ihnen zeigt, wird es Zeit, sich über unbewusste, verdrängte oder vergessene Träume Gedanken zu machen. Das Schaf begleitet Sie in eine liebevolle Innenschau und hilft Ihnen bis zu den tief verschütteten Wünschen hervorzudringen. Ideal ist es, wenn Sie es in einer Meditation oder Krafttierreise rufen und sich mit ihm verbinden. Oder wenn Sie am Abend zu Bett gehen, bitten Sie es Ihnen im Traum zu erscheinen. Seien Sie dann gespannt auf das, was Sie während der Nacht träumen.

Achten Sie auf alle Bilder, Gedanken, Empfindungen und Assoziationen, die beim Lesen der folgenden Sequenzen in

Ihnen wahrnehmbar werden und finden Sie heraus, welcher Sinn sich daraus für Sie ablesen lässt:

Zu den Wünschen und Bedürfnissen hervordringen; liebevolles Anschauen der inneren Bilder und Wahrnehmungen; Erkenntnis durch Meditation, Trance und Schlaf; kreative Energie kommt ins Fließen; nehmen Sie dankend an, was Ihnen nun geschenkt wird; das Herz weitet sich; ein Gedanke drängt in Ihr Bewusstsein und wird zur Vision; nehmen Sie Ihre Einzigartigkeit wahr; definieren Sie Ihre Interessen und Talente; eine innere Reinigung findet statt; alte Wunden können heilen; trauen Sie sich zu, Ihre Träume verwirklichen zu können; bereiten Sie Ihr Ziel mit Bedacht und Herzensweisheit vor; betrachten Sie alles in Ruhe, bevor Sie entscheiden; Sie sind frei von Schuld.

Übung: Visualisieren Sie ein Schaf! Sehen Sie es? Wie sieht es aus? Welche Assoziationen entwickeln Sie ganz spontan dazu? Lassen Sie Ihrem Geist freien Lauf und beobachten Sie, wohin Sie geführt werden.

Schildkröte – In der Ruhe liegt die Kraft
Falls Ihnen Ihr Weg noch nicht bewusst sein sollte, erinnert Sie die Schildkröte daran, dass Sie ihn jedoch bereits kennen. Ihr Weg ist ein individueller Pfad. Begeben Sie sich auf diesen mit Selbstvertrauen und Beharrlichkeit. Sie haben einen stark wirksamen Schutzmantel um sich herum, der dafür sorgt, dass Sie sicher weitergehen können. Nehmen Sie sich alle Zeit, die Sie brauchen. Ziehen Sie sich in Ihr Inneres zurück und suchen Sie die Antworten

für Ihr Leben in sich. Hören Sie auf Ihre innere Stimme. Wenn Sie sich für diese öffnen, werden Sie sie hören.

Achten Sie auf alle Bilder, Gedanken, Empfindungen und Assoziationen, die beim Lesen der folgenden Sequenzen in Ihnen wahrnehmbar werden und finden Sie heraus, welcher Sinn sich daraus für Sie ablesen lässt:

Unsicherheit durch Unentschlossenheit; mit dem Herzen die Wahrheit erkennen; nicht alle Chancen und Möglichkeiten, die sich bieten, sind gut für Sie; zu den wahren Chancen und Möglichkeiten führt Sie Ihr Herz; nach innen schauen und erkennen, wo es lang geht; seien Sie authentisch und zeigen Sie Ihre Grenzen; in sich selbst geborgen; den natürlichen Rhythmus des Lebens anerkennen; keine voreiligen Entscheidungen; nichts überstürzen; Altes verabschieden und Neues hereinlassen; das innere Gleichgewicht pflegen.

Übung: Visualisieren Sie eine Schildkröte! Sehen Sie sie? Wie sieht sie aus? Welche Assoziationen entwickeln Sie ganz spontan dazu? Lassen Sie Ihrem Geist freien Lauf und beobachten Sie, wohin Sie geführt werden.

Schlange – Entfesselung des weiblichen Geistes

Alles um Sie herum und alles in Ihrem Inneren möchte mit besonderer Aufmerksamkeit betrachtet und gewürdigt werden. Die Schlange hilft dabei, das innere Gleichgewicht wieder herzustellen, um die anstehenden Entscheidungen mit Ruhe, Bedacht und Herzensweisheit treffen zu können. Körperliche Beschwerden treten unerwartet auf, um ein Signal zu geben. Seien Sie ehrlich und einfühlsam zu sich selbst. Eine Entwicklung, für die der Grundstein vor einiger Zeit gelegt wurde, für die aber nicht die notwendigen Schritte eingeleitet wurden, um sie zum Erfolg zu führen, will jetzt ihren Lauf nehmen. Etwas in Ihrer Seele wandelt sich! Frischer weiblicher Geist darf sich großzügig verströmen!

Achten Sie auf alle Bilder, Gedanken, Empfindungen und Assoziationen, die beim Lesen der folgenden Sequenzen in Ihnen wahrnehmbar werden und finden Sie heraus, welcher Sinn sich daraus für Sie ablesen lässt:

Energien schonen und regenerieren; Grenzen der Belastbarkeit wollen berücksichtigt werden; Bewusstheit und Achtsamkeit um aufzutanken; mit Herz und Versand den Unterschied zwischen Ja und Nein bestimmen; Reaktionen des Körpers auf bestimmte Gegebenheiten; herausfinden, was gut tut; innere Kraftquelle aufmerksam betreuen; fließende Energien; Verbindung von innen und außen; durch Selbstliebe kommt die innere Kraft zum Strahlen.

Übung: Visualisieren Sie eine Schlange! Sehen Sie sie? Wie sieht sie aus? Welche Assoziationen entwickeln Sie ganz spontan dazu? Lassen Sie Ihrem Geist freien Lauf und beobachten Sie, wohin Sie geführt werden.

Schmetterling – Metamorphose

Der Schmetterling zeigt sich, wenn die Zeit der Vorbereitung, des Wartens, des Ausharrens und der Prüfung vorbei ist. Jetzt gilt es, die alten Muster und Strukturen zu durchbrechen und sich der anstehenden Verwandlung vertrauensvoll hinzugeben. Lassen Sie geschehen, was geschehen muss. Folgen Sie Ihrem Herzen und breiten Sie Ihre Flügel im hellen Sonnenlicht aus. Wachstum auf allen Ebenen.

Achten Sie auf alle Bilder, Gedanken, Empfindungen und Assoziationen, die beim Lesen der folgenden Sequenzen in Ihnen wahrnehmbar werden und finden Sie heraus, welcher Sinn sich daraus für Sie ablesen lässt:

Bereiten Sie sich auf Ihre Verwandlung vor; der Drang, etwas Bestimmtes zu tun, ist unaufhaltsam; vieles aus der Vergangenheit will verabschiedet werden; Raum für Neues entsteht; Sie sind soweit – merken Sie es? Noch einmal Innenschau und Rückzug einläuten; die Ruhe vor der großen Verwandlung; mit Bewusstheit und Achtsamkeit in einen neuen Lebensabschnitt; der Schmetterling begleitet Sie sicher auf dem Weg zum Ziel; Zeit für Wachstum, Weiterbildung etc.; Leichtigkeit kommt in Ihr Leben; Sie sind flexibler als je zu vor; Ihr Seelenplan verwirklicht sich weiter; das Leben im Einklang; der Bestimmung näher kommen; Metamorphose.

Übung: Visualisieren Sie einen Schmetterling! Sehen Sie ihn? Wie sieht er aus? Welche Assoziationen entwickeln Sie ganz spontan dazu? Lassen Sie Ihrem Geist freien Lauf und beobachten Sie, wohin Sie geführt werden.

Schnecke – Aufarbeitung der Vergangenheit

Wenn die Schnecke in Ihrem Schwingungsfeld auftaucht, gilt es, Ihre männlichen und weiblichen Anteile zu betrachten und zu würdigen. Außerdem deutet die Schnecke an, dass es Erlebnisse aus frühen Jahren aufzuarbeiten gibt. Es kann nun etwas geheilt bzw. harmonisiert werden. Das Gehäuse der Schnecke ist für Sie ein Symbol für Schutz und Rückzugsmöglichkeit. Schützen Sie sich vor Situationen, die Sie beängstigen, aber lassen Sie sich nicht einschüchtern. Verkriechen Sie sich nicht in Ihrem „Schneckenhaus", sondern ruhen Sie sich lediglich darin ein wenig aus.

Achten Sie auf alle Bilder, Gedanken, Empfindungen und Assoziationen, die beim Lesen der folgenden Sequenzen in Ihnen wahrnehmbar werden und finden Sie heraus, welcher Sinn sich daraus für Sie ablesen lässt:

Kann es nicht auch leichter gehen? Persönlichkeitskonflikte heilen; Selbstbewusstsein und Selbstwertgefühl aufbauen; seelisch-geistiges Wachstum findet statt; manches braucht Geduld – die Schnecke bringt sie Ihnen; Erhöhung der Achtsamkeit – auch sich selbst gegenüber; Fehler aus der Vergangenheit kommen ans Licht und können

Heilung finden; aus Fehlern lernen; hohe spirituelle Wahrnehmungsfähigkeit.

Übung: Visualisieren Sie eine Schnecke! Sehen Sie sie? Wie sieht sie aus? Welche Assoziationen entwickeln Sie ganz spontan dazu? Lassen Sie Ihrem Geist freien Lauf und beobachten Sie, wohin Sie geführt werden.

Schwalbe – In Liebe und im Vertrauen

In Ihrem Energiekreis taucht die Schwalbe auf, um Ihnen schon einmal die Vorfreude auf Bevorstehendes zu bescheren. Etwas wendet sich zum Guten oder nimmt weiterhin einen positiven Verlauf. Zumeist hat ihre Anwesenheit etwas damit zu tun, dass es zwischen Ihnen und einem oder mehreren anderen Menschen viel Liebe, Vertrauen und Geborgenheit gibt, geben wird oder geben könnte, wenn Sie sich öffnen würden. Die Schwalbe bringt Ihnen Trost damit Ihre Freiheit weiter Raum gewinnen und Ihre Hoffnung sich ausdehnen kann.

Achten Sie auf alle Bilder, Gedanken, Empfindungen und Assoziationen, die beim Lesen der folgenden Sequenzen in Ihnen wahrnehmbar werden und finden Sie heraus, welcher Sinn sich daraus für Sie ablesen lässt:

Wenden Sie sich dem Licht zu – zeigen Sie sich; stellen Sie sich vor, jeder Tag wäre ein einzelnes, kurzes, neues Leben. Jeden Tag fängt also ein neues kurzes Leben an und keines will nicht gelebt oder irgendwann später gelebt werden; Ihre Seelenkraft erhöht sich und verleiht Ihnen

Flügel – nutzen Sie sie; wertschätzen Sie die kleinen Dinge des Lebens genauso wie die großen; die Zeit der Ruhe und Innenschau liegt hinter Ihnen – starten Sie durch; etwaige Hindernisse überwinden Sie mit links; ein Geschenk, das von Herzen kommt, will Sie erreichen oder von Ihnen selbst verschenkt werden; Ihre Seele möchte feiern, tanzen, singen, ausgehen, fröhlich sein unter Menschen gehen …; Wachstum auf allen Ebenen.

Übung: Visualisieren Sie eine Schwalbe! Sehen Sie sie? Wie sieht sie aus? Welche Assoziationen entwickeln Sie ganz spontan dazu? Lassen Sie Ihrem Geist freien Lauf und beobachten Sie, wohin Sie geführt werden.

Schwan – Schönheit und innere Größe

Ein lang gehegter Plan geht auf! Ihre wahre Größe und innere Schönheit tritt hervor. Vieles im Leben, was zu anstrengend und ermüdend ist, möchte und kann nun bald in eine andere Richtung gewendet werden. Eine Idee, die eventuell bereits vergessen war, steigt wieder aus dem Unterbewusstsein auf und sollte nun beachtet werden. Frische kreative Kraft steht in Hülle und Fülle zum Abruf bereit. Diese kann derzeit noch durch Zweifel und Mutlosigkeit blockiert sein. Öffnen Sie sich der göttlichen Kraft in sich selbst und lassen Sie Ihre Farben leuchten! Verwirklichen Sie Ihre Träume!

Achten Sie auf alle Bilder, Gedanken, Empfindungen und Assoziationen, die beim Lesen der folgenden Sequenzen in

Ihnen wahrnehmbar werden und finden Sie heraus, welcher Sinn sich daraus für Sie ablesen lässt:

Kreatives Erwachen; zu den eigenen Wünschen und Bedürfnissen stehen; die Seele meldet sich – wenn nötig auf eigentümliche Weise; Ängste möchten besiegt werden; Herzensangelegenheiten verdienen Aufmerksamkeit; eigene Interessen, Talente und Fähigkeiten drängen ins Bewusstsein; Altes kann losgelassen werden, um für Neues Platz zu machen; der innere Ruf der Seele kann wahrgenommen werden; die Welt wartet auf das, was Sie zu geben haben; nur authentisches Sein führt auf den eigenen Weg; künstlerisches Talent; Sie bringen die Freude in das Leben anderer; die Magie des Lebens entdecken; Sie kennen die Antworten auf Ihre Fragen selbst; eigenverantwortliches Handeln ist angesagt.

Übung: Visualisieren Sie einen Schwan! Sehen Sie ihn? Wie sieht er aus? Welche Assoziationen entwickeln Sie ganz spontan dazu? Lassen Sie Ihrem Geist freien Lauf und beobachten Sie, wohin Sie geführt werden.

Schwein/Wildschwein – Dem Glück auf der Spur

Das Glück steht vor der Tür. Günstige Zeiten um Beziehungsangelegenheiten zu klären, anzufangen oder aufzufrischen. Ein Abschnitt geht zu Ende und neues Glück möchte ins Leben hereingelassen werden. Wenn Sie in den Augen der anderen vielleicht auch eine etwas ausgefallene Vorstellung davon haben, was glücklich sein bedeutet, so ist es wichtig, jetzt zu den eigenen Wünschen zu stehen.

Mag sein, dass das nicht jedem gefällt. Seien Sie authentisch. Lassen Sie sich auf Ihre Bedürfnisse ein und stehen Sie zu Ihren Interessen, Wünschen und Talenten.

Achten Sie auf alle Bilder, Gedanken, Empfindungen und Assoziationen, die beim Lesen der folgenden Sequenzen in Ihnen wahrnehmbar werden und finden Sie heraus, welcher Sinn sich daraus für Sie ablesen lässt:

Glück will erkannt werden; mit Achtsamkeit die Wahrheit erkennen; danke sagen, für das, was ist; negative Gefühle betrachten und verabschieden; nach innen schauen und erkennen, was Glück ist; anderen die Freiheit lassen, so zu sein, wie sie sind; die Belohnung für das, was geleistet wurde, steht an; etwas sollte zu Ende gebracht werden; Erfolg kündigt sich an; alles ist in ausreichender Fülle vorhanden; spirituelles Potenzial kann nun eine Weiterentwicklung erfahren.

Übung: Visualisieren Sie ein Wildschwein! Sehen Sie es? Wie sieht es aus? Welche Assoziationen entwickeln Sie ganz spontan dazu? Lassen Sie Ihrem Geist freien Lauf und beobachten Sie, wohin Sie geführt werden.

Seehund – Entfesselung verborgener Wünsche

Der Seehund ist eine liebenswerte Robbenart. Er nimmt zu Ihnen Kontakt auf, wenn es darum geht, dem Ruf der Seele zu lauschen und dem Herzen zu folgen. Er bringt Ihnen Heilung für alte Wunden und begleitet Sie in die tieferen Ebenen Ihres Bewusstseins und lässt Ihre Herzensweisheit weiter wachsen. Es geht darum, die Sehnsucht und die Lebensfreude in sich selbst wieder zu entfachen und Ihre verschütteten Wünsche und Interessen wieder ans Licht zu heben.

Achten Sie auf alle Bilder, Gedanken, Empfindungen und Assoziationen, die beim Lesen der folgenden Sequenzen in Ihnen wahrnehmbar werden und finden Sie heraus, welcher Sinn sich daraus für Sie ablesen lässt:

Es ist Zeit für eine liebevolle Innenschau; stehen Sie zu dem, was in Ihnen ist; treten Sie ins Licht; nehmen Sie liebevoll Anteil am Leben anderer; sagen Sie nicht ja, wenn Sie lieber nein sagen möchten; schützen Sie Ihr inneres Kind; Sie können es nicht jedem Recht machen – akzeptieren Sie das; denken Sie öfter auch einmal an sich selbst; seien Sie sich selbst ein guter Freund; lassen Sie es zu, dass Verletzungen heilen können; glauben Sie an Ihre ganz besonderen Gaben; Intuition wächst durch Vertrauen; gehen Sie mit Ihrer Liebe großzügig um; eine Zeit des seelischen Wachstums und der Freude steht bevor.

Übung: Visualisieren Sie einen Seehund! Sehen Sie ihn? Wie sieht er aus? Welche Assoziationen entwickeln Sie ganz spontan dazu? Lassen Sie Ihrem Geist freien Lauf und beobachten Sie, wohin Sie geführt werden.

Seepferdchen – Liebevolle Umarmung

Das Seepferdchen ist ein kleiner, zarter, sehr leiser und gefühlvoller Begleiter. Mit dem Seepferdchen an Ihrer Seite sind Sie aufgefordert, sich Ihrem Umfeld gegenüber höchst liebevoll und mitfühlend zu verhalten. Gerade gilt es, jenen Menschen liebevolle Fürsorge angedeihen zu lassen, denen es zurzeit gefühlsmäßig nicht gut geht. Gerade diejenigen, die sich mit einer rauen Schale präsentieren, sind oft die verletzlichsten. Seien Sie jetzt besonders großzügig mit denen, die sich anderen gegenüber etwas unangemessen schroff verhalten, denn sie wissen es einfach nicht besser. Nicht jeder hat die psychische Reife, die Sie selbst bereits erlangt haben. Sie können jetzt für andere ein sehr wichtiger Begleiter und Beschützer sein.

Achten Sie auf alle Bilder, Gedanken, Empfindungen und Assoziationen, die beim Lesen der folgenden Sequenzen in Ihnen wahrnehmbar werden und finden Sie heraus, welcher Sinn sich daraus für Sie ablesen lässt:

Sie machen die Welt täglich ein kleines bisschen besser; Gefühle – egal welcher Art – möchten liebevoll angesehen werden; bewegen Sie sich nach Herzenslust – gehen Sie tanzen oder einfach raus in die Natur; ja, stehen Sie zu sich und zeigen Sie Ihre Grenzen, jedoch verurteilen Sie nicht gleich jeden, der Ihre Grenzen überschreitet – es ist meist nicht so hart gemeint; es wird Ihnen möglich, Ihre eigene Heilkraft zu entdecken; Zeit für romantische Stunden; die Liebe steht vor der Tür – übersehen Sie sie nicht; Tiere verdienen es wertgeschätzt und geschützt zu werden; Ihre spirituelle Wahrnehmungskraft kann Sie sicher zum Ziel führen; ein Geheimnis wartet auf Sie.

Übung: Visualisieren Sie ein Seepferdchen! Sehen Sie es? Wie sieht es aus? Welche Assoziationen entwickeln Sie ganz spontan dazu? Lassen Sie Ihrem Geist freien Lauf und beobachten Sie, wohin Sie geführt werden.

Seestern – Zeit für neue Ideen und Visionen
Der Seestern hält sich in Ihrem Schwingungsfeld auf. Er deutet an, einen neuen Plan zu schmieden oder einen bereits entworfenen Plan weiter auszuformulieren. Es gilt den eigenen Weg klar zu definieren. Falls Sie das Gefühl haben, etwas in Ihrem Leben verändern zu müssen, dann haben Sie mit dem Seestern jetzt einen feinfühligen Verbündeten, der Ihnen dabei helfen kann, auf neue Ideen und Gedanken zu kommen. Er führt Sie in eine höhere intuitive Wahrnehmungsfähigkeit. So können Sie auch auf Ideen und Visionen stoßen, die total neu und ungewöhnlich für Sie sind. Eine Lösung ist in Sicht.

Achten Sie auf alle Bilder, Gedanken, Empfindungen und Assoziationen, die beim Lesen der folgenden Sequenzen in Ihnen wahrnehmbar werden und finden Sie heraus, welcher Sinn sich daraus für Sie ablesen lässt:

Vertrauen Sie in Ihre eigenen Ideen; verbünden Sie sich mit dem Seestern; es ist die Zeit um in aller Ruhe etwas vorzubereiten; der Seestern schützt Sie auf dem Weg zu sich selbst; gute Voraussetzungen für ein Weiterkommen;

gehen Sie Ihren Wünschen und Bedürfnissen auf den Grund – verstehen Sie sich selbst; in Ihrem Herzen leuchten viele Farben – sorgen Sie dafür, dass sie ins Außen strahlen; warten Sie nicht zu lange auf den richtigen Moment – es kann sich unter Umständen eher lohnen, hier und da einmal einen Fehler zu begehen oder eine Niederlage zu erleiden, als sich aus einem übertriebenen Sicherheitsbedürfnis nie für irgendetwas zu entscheiden; achten Sie auf Ihren Biorhythmus – übernehmen Sie sich nicht; der Seestern kann Sie in die Lage versetzten, wahre „Zauberkräfte" zu entwickeln, lassen Sie sich darauf ein und probieren Sie sich im „Zaubern"; Der Seestern weist Ihnen den Weg zu Ihrem Herzen und verleiht Ihnen die Kraft, ihm zu folgen; gesteigerte intuitive Kraft.

Übung: Visualisieren Sie einen Seestern! Sehen Sie ihn? Wie sieht er aus? Welche Assoziationen entwickeln Sie ganz spontan dazu? Lassen Sie Ihrem Geist freien Lauf und beobachten Sie, wohin Sie geführt werden.

Siebenschläfer – Kraft für neue Abenteuer

Eine Zeit des Ausruhens und des inneren Sammelns bricht an. Der Siebenschläfer begibt sich an Ihre Seite, um Sie zu beruhigen und für neue Abenteuer des Lebens zu stärken. Ein Wunsch drängt verstärkt in Ihr Bewusstsein. Sie haben alle Chancen diesen wahr werden zu lassen, überstürzen Sie nichts. Erzählen Sie nicht gleich jedem davon. Bereiten Sie alles in Ruhe vor. Sie werden Ihre Kraft schonen müssen, bevor Sie sich ins Licht hinauswagen.

Achten Sie auf alle Bilder, Gedanken, Empfindungen und Assoziationen, die beim Lesen der folgenden Sequenzen in Ihnen wahrnehmbar werden und finden Sie heraus, welcher Sinn sich daraus für Sie ablesen lässt:

Eine positive Geisteshaltung ist jetzt besonders erforderlich; alten Ballast abstreifen und anderen verzeihen; jeder hat das Recht so zu sein, wie er ist – auch der, den wir nicht verstehen; die Natur schützen; Vorsicht, aber auch Neugierde und Wagnis führen ans Ziel; bessere Zeiten stehen bevor; Träume werden wahr; ohne Lachen geht es nicht; das Leben ist ein Geschenk und möchte als solches verstanden werden; neue Schritte mit Freude und Selbstbewusstsein gehen; mit anderen das Lachen und die Freude teilen.

Übung: Visualisieren Sie einen Siebenschläfer! Sehen Sie ihn? Wie sieht er aus? Welche Assoziationen entwickeln Sie ganz spontan dazu? Lassen Sie Ihrem Geist freien Lauf und beobachten Sie, wohin Sie geführt werden.

Skorpion – Schutz der Dunkelheit

Der Skorpion begleitet Sie mühelos auf die nächsthöhere Bewusstseinsebene und lässt Ihr Vertrauen in die eigenen intuitiven bzw. spirituellen Wahrnehmungsfähigkeiten reifen. Sie geraten in ein ganz neues Lebensgefühl. Zuvor gilt es jedoch die Verbindung zum Skorpion eine gewisse Zeit lang aufrecht zu erhalten. Er begleitet Sie auf eine Reise in die Dunkelheit, zu Ihren Ängsten und Blockaden und bietet Ihnen zugleich den Schutz, den Sie brauchen, um sich alles in Ruhe anschauen zu können. Dort, wo die Angst sitzt, da geht es hin. Während Sie der Skorpion auf dieser Reise begleitet, sind Sie gegen alle negativen Einflüsse immun und Sie sind in der Lage über sich hinauszuwachsen. Nehmen Sie das neugewonnene Selbstvertrauen mit in den Alltag, damit es später auch ohne die Begleitung des Skorpions weiter wachsen kann.

Achten Sie auf alle Bilder, Gedanken, Empfindungen und Assoziationen, die beim Lesen der folgenden Sequenzen in Ihnen wahrnehmbar werden und finden Sie heraus, welcher Sinn sich daraus für Sie ablesen lässt:

Ein Stein wird Ihnen vom Herzen fallen; eine positive Veränderung steht an: untersuchen Sie Ihre Ängste und Blockaden – hinterfragen Sie diese; verabschieden Sie sich von allem, was Sie belastet – geben Sie es ans Universum ab, und Ihre Seele wird Heilung erfahren; befreien Sie sich; Achtsamkeit und Bewusstheit sind die Schlüssel; Erkenntnisprozesse finden statt und führen auf die nächsthöhere Bewusstseinsebene; Vorsicht vor allem, was Ihnen nicht gut tut; Wachstum auf allen Ebenen; sorgen Sie dafür, dass Ihre physische und psychische Kraft sich stets erneuern kann; der Schritt in einen neuen positiven Lebensabschnitt, der gerade schon begonnen hat oder bald beginnen wird, steht an.

Übung: Visualisieren Sie einen Skorpion! Sehen Sie ihn? Wie sieht er aus? Welche Assoziationen entwickeln Sie ganz spontan dazu? Lassen Sie Ihrem Geist freien Lauf und beobachten Sie, wohin Sie geführt werden.

Spinne – Die seelisch-geistige Kraft verleiht Flügel

Zurzeit scheint alles irgendwie im Lot zu sein. Zumindest bei oberflächlicher Betrachtung. In der Tat sind Sie eingebettet in ein funktionierendes Lebensnetzwerk, von dem Sie getragen werden und auf das Sie sich eingelassen haben. Genau jetzt beginnt ein neues Zeitfenster Ihres Lebens, das Sie mit Bravur ausfüllen können, wenn Sie ganz allein die Verantwortung dafür übernehmen. Weben Sie den Faden Ihres Lebens selbst und lassen Sie sich in den wesentlichen Fragen Ihres Lebens nicht mehr von anderen reinreden. Auch, wenn die anderen es in der Regel gut mit Ihnen meinen, wissen diese meist nicht, was speziell für Sie – für Ihr Herz und Ihre Seele – wichtig ist. Wenn Sie sich jetzt aus alten Denk- und Verhaltensmustern herauswagen, finden Sie gute Bedingungen vor, um seelisch-geistig wachsen zu können und Ihr wahres Kraftpotenzial zu aktivieren. Ein neues Gefühl von Freiheit eröffnet Ihnen Chancen und Möglichkeiten von nie zuvor gekannter Intensität.

Achten Sie auf alle Bilder, Gedanken, Empfindungen und Assoziationen, die beim Lesen der folgenden Sequenzen in Ihnen wahrnehmbar werden und finden Sie heraus, welcher Sinn sich daraus für Sie ablesen lässt:

Verbindung des Selbst mit dem „Großen Ganzen"; Bewusstwerdung, Bewusstseinswachstum setzt verstärkt ein; Innenschau und Meditation offenbaren neue Visionen; Licht kommt in die Dunkelheit; Chance für Richtungswechsel und Neuausrichtung; Verlassen alter Denk- und

Verhaltensmuster; Auflösen von behindernden Verstrickungen; starke spirituelle Wahrnehmung begünstigt Bewusstseinssprung; alles kann bald in einem neuen Licht erstrahlen; Justierung des Blickwinkels, mit dem das Leben wahrgenommen wird; aus Fehlern lernen und gestärkt hervortreten; ein neues Lebensgefühl, das Sie beflügelt, steht kurz bevor.

Übung: Visualisieren Sie eine Spinne! Sehen Sie sie? Wie sieht sie aus? Welche Assoziationen entwickeln Sie ganz spontan dazu? Lassen Sie Ihrem Geist freien Lauf und beobachten Sie, wohin Sie geführt werden.

Steinläufer/Steinkriecher – Das Geheimnis

Der Steinläufer ist ein Tier, welches sich weder in der „Geistigen Welt", noch in der „Realen Welt" sehr häufig zeigt. Vielen Menschen ist er überhaupt kein Begriff. Wer einen Garten hat oder aus anderen Gründen schon mal mit dem Erdreich in Berührung kommt – z.B. beim Umdrehen eines Steines oder eines Holzstückes – hat ihn vielleicht schon einmal gesehen. Lange wird man diesen zu den Tausendfüßlern zählenden Hundertfüßer jedoch sicher nicht zu sehen bekommen, denn er flüchtet, sobald man ihn aufspürt. Er besitzt viele Beinpaare und auf jeder Seite seines Kopfes 15 kleine Punktaugen. Als Krafttier tritt er an Ihre Seite, um Ihnen zu helfen, ein Geheimnis genauer zu betrachten. Mit ihm wird es möglich, das Geheimnis entweder mit reinem Gewissen geheim und für immer für sich zu bewahren, oder es aufzulösen und mit anderen zu teilen. Auf die ehrenvolle Entscheidung kommt es an.

Achten Sie auf alle Bilder, Gedanken, Empfindungen und Assoziationen, die beim Lesen der folgenden Sequenzen in Ihnen wahrnehmbar werden und finden Sie heraus, welcher Sinn sich daraus für Sie ablesen lässt:

Listigkeit und Wendigkeit gilt es geschickt aber fair einzusetzen; Einblick in fremde Welten; rechtzeitig hinsehen; nicht die Augen verschließen; Licht ins Dunkel bringen; ein Geheimnis mit Verantwortung behandeln; eine Zeit der Stille und des Rückzuges steht an; etwas, das zu Ende geht oder zerfällt, bietet eine Basis für Neues; Fruchtbarkeit, Erfolg, gute Ernte; mit Kraft und Mut sich anderen gegenüber durchsetzen; Überlegenheit nutzbringend aber wohlwollend einbringen; es stehen noch einige Veränderungen an; Fairness zahlt sich aus; Sie haben eine ganz spezielle Gabe, erkennen Sie sie an.

Übung: Visualisieren Sie einen Steinläufer! Sehen Sie ihn? Wie sieht er aus? Welche Assoziationen entwickeln Sie ganz spontan dazu? Lassen Sie Ihrem Geist freien Lauf und beobachten Sie, wohin Sie geführt werden.

Stier – Gefühle und Gedanken umwandeln
Der Stier erscheint in Ihrem Energiefeld, wenn es darum geht, angestaute Gefühle wie z.B. Wut und Aggression aufzulösen. Es geht darum, sich von Zwängen und Lasten zu befreien, die Sie nur aushalten bzw. ertragen müssen,

weil Sie sich anderen gegenüber nicht klar abgegrenzt bzw. zur Wehr gesetzt haben. Gestatten Sie den anderen ruhig, so zu sein, wie sie nun einmal sind, auch wenn Ihnen diese manchmal gewaltig auf die Nerven gehen. Niemand hat sich selbst gemacht und nicht jeder hat verstanden, dass jeder Mensch seine eigenen Gefühle, Gedanken und Wahrheiten hat. Sie wissen es besser und können die anderen – auch die, die Ihnen nicht wohlgesonnen sind – mit weiser Herzensgüte so lassen, wie sie nun einmal sind. Der Stier hilft Ihnen dabei, das Verständnis für andere aufzubringen.

Achten Sie auf alle Bilder, Gedanken, Empfindungen und Assoziationen, die beim Lesen der folgenden Sequenzen in Ihnen wahrnehmbar werden und finden Sie heraus, welcher Sinn sich daraus für Sie ablesen lässt:

Energie und Kraft durch Auflösung von blockierenden Gefühlen und Gedanken freisetzen; sich klar abgrenzen und authentisch auftreten; Entwicklung der Persönlichkeit; das Leben mit neuem Bewusstsein erleben und genießen; eine große Energiequelle für geschäftliche Vorhaben steht Ihnen zur Verfügung; für ein Vorhaben benötigen Sie entweder Ihre eigenen männlichen Eigenschaften oder die eines Freundes oder fremden Mannes; Sie erlangen eine kreative Hochphase; alles wird möglich; alles wird gut.

Übung: Visualisieren Sie einen Stier! Sehen Sie ihn? Wie sieht er aus? Welche Assoziationen entwickeln Sie ganz spontan dazu? Lassen Sie Ihrem Geist freien Lauf und beobachten Sie, wohin Sie geführt werden.

Storch – Zuwachs und Zusammenhalt

Der Storch zieht in Ihr Schwingungsfeld ein, um Ihnen erfreuliche Neuigkeiten anzukündigen. Es ist nun die Zeit der Fruchtbarkeit. Das ist auch im übertragenen Sinne zu betrachten. Es mag sein, dass sich Familienzuwachs ankündigt, bei Ihnen selbst oder einem Familienmitglied. Oder Ihre finanzielle Situation verbessert sich. Oder auf irgendeiner anderen Art und Weise wird bald eine „Vermehrung" stattfinden. Gleichzeitig deutet der Storch darauf hin, dass es nun gilt, stets die Balance zu wahren zwischen schwarz und weiß, gut und böse, neu und alt, männlich und weiblich usw. Im Übertragenen Sinne kann das z.B. bedeuten, dass Sie sich bei Meinungsverschiedenheiten lieber auf einen akzeptablen Kompromiss einigen sollten, als das „Entweder-Oder-Prinzip" anzuwenden.

Achten Sie auf alle Bilder, Gedanken, Empfindungen und Assoziationen, die beim Lesen der folgenden Sequenzen in Ihnen wahrnehmbar werden und finden Sie heraus, welcher Sinn sich daraus für Sie ablesen lässt:

Verlorene Seelenanteile kehren zurück; eine neue Liebe kündigt sich an – kann natürlich auch im übertragenen Sinne zu verstehen sein. Die Liebe zu einem Tier, zu einem guten Freund, den Eltern, einer Sache usw.; materielles Glück kündigt sich an; ein lang gehegter – unter Umständen schon fast vergessener – Wunsch kann jetzt verwirklicht werden; zeigen Sie sich großzügig und gütig gegenüber Ihren Mitmenschen; aus Rücksicht auf die Gesundheit sollten Stress und Hektik auf ein Minimum reduziert werden – achten Sie auf körperliche Warnzeichen; kreative Kraft steht ausreichend zur Verfügung – neue Ideen lassen sich jetzt in die Tat umsetzen; bleiben Sie sich treu; Zeit für Familie; spirituelles Wachstum findet statt.

Übung: Visualisieren Sie einen Storch! Sehen Sie ihn? Wie sieht er aus? Welche Assoziationen entwickeln Sie ganz spontan dazu? Lassen Sie Ihrem Geist freien Lauf und beobachten Sie, wohin Sie geführt werden.

Strauß – Ideenfindung

Der Strauß zeigt sich in Ihrem Umfeld. Er erhöht Ihre Aufnahmefähigkeit und versetzt Sie in einen „hellwachen" Zustand. Ihnen entgeht nichts. Mit dem Strauß an Ihrer Seite verfügen Sie über eine wahre Quelle zur Ideenfindung. Es grenzt fast an Magie, mit welcher Geschicklichkeit Sie für alles die passende Lösung finden.

Achten Sie auf alle Bilder, Gedanken, Empfindungen und Assoziationen, die beim Lesen der folgenden Sequenzen in Ihnen wahrnehmbar werden und finden Sie heraus, welcher Sinn sich daraus für Sie ablesen lässt:

Erhöhte Aufmerksamkeit; richten Sie Ihre Aufmerksamkeit auch auf Ihre Gesundheit – Ernährung, Bewegung, Atmung usw.; anerkennen Sie Ihre Leistungen und auch die, der anderen; sprechen Sie mit Bedacht das aus, was Sie sagen möchten – richtige Wortwahl; achten Sie bei Ihren Taten und Worten darauf, dass Sie die Grenzen der anderen nicht überschreiten; auch wenn die Wahrheit verletzen kann, sprechen Sie sich aus, aber achten Sie auch die Wahrheit der anderen – jeder hat im Laufe seines Lebens zu eigenen Überzeugungen und Werten gefunden – alle sind gleichberechtigt anzusehen; machen Sie anderen keine Vorwürfe, nur weil diese nicht nach Ihren Vorstellungen leben möchten – sprechen Sie nicht von Enttäuschung, wo man Ihre Erwartungen nicht erfüllen kann; in einer Herzensangelegenheit gilt es genauer hinzuschauen; respektieren Sie die Gedanken, Gefühle und Wünsche eines Freundes, der anders denkt und fühlt als Sie – mit gegenseitigem Respekt können Sie wunderbar zusammen auskommen.

Übung: Visualisieren Sie einen Strauß! Sehen Sie ihn? Wie sieht er aus? Welche Assoziationen entwickeln Sie ganz spontan dazu? Lassen Sie Ihrem Geist freien Lauf und beobachten Sie, wohin Sie geführt werden.

Taube – Hohe seelisch-geistige Reife

Die Taube ist ein sehr besonderes Tier. Sie ist nahezu überall auf der Welt zu Hause. Obwohl die Menschen sie aus Ihrem natürlichen Lebensraum verdrängten, ließ sie sich nicht wirklich vertreiben und hielt Einzug in den Städten. Menschen, die noch nicht zu einer höheren Bewusstseinsebene gefunden haben, mögen Tauben nicht. Sie halten sie für Plagegeister, die nur Schmutz und Krankheit verbreiten. Dabei gibt es kein anderes Lebewesen auf dieser Welt, das so viel Schaden anrichtet, wie wir Menschen. Durch uns ist mittlerweile der gesamte Planet in Gefahr. Der Taube schrieb man vielerlei negative Bedeutungen zu. Sie wurde mit Tod, Trauer, Krankheit und Verwahrlosung in Verbindung gebracht. In Wahrheit steht Sie für Frieden, Liebe, Schutz, Hoffnung, Freiheit und Sanftmut. Wenn sich Ihnen die Taube zeigt, lässt sie Sie teilhaben an ihrer Feinfühligkeit. Sie hilft Ihnen, Ihre Herzensweisheit weiterzuentwickeln, um Verletzung und Seelenschmerz – entweder – zu verabschieden oder zu vermeiden. Sie ist ein Krafttier, das Ihnen nur Gutes ankündigt und Ihnen Wachstum auf allen Ebenen ermöglicht.

Achten Sie auf alle Bilder, Gedanken, Empfindungen und Assoziationen, die beim Lesen der folgenden Sequenzen in Ihnen wahrnehmbar werden und finden Sie heraus, welcher Sinn sich daraus für Sie ablesen lässt:

Schützen Sie Ihre Seele vor Verletzung – jedoch nicht dadurch, dass Sie sich von den Menschen abwenden; seelisch-geistiges Wachstum; die nächst höhere Bewusstseinsebene erreichen; Ihr Glaube an Frieden, Liebe und Gerechtigkeit, zahlt sich aus; Sie haben die Gabe, das Gute in die Welt hinauszubringen; für andere Menschen sind Sie ein wahrer Engel; Sie finden sich überall in der Welt gut zurecht; zielsicher weitergehen; intelligente Entscheidungen bewahren Sie vor Schmerz; bereichernde Freundschaften.

Übung: Visualisieren Sie eine Taube! Sehen Sie sie? Wie sieht sie aus? Welche Assoziationen entwickeln Sie ganz spontan dazu? Lassen Sie Ihrem Geist freien Lauf und beobachten Sie, wohin Sie geführt werden.

Tiger – Entfesselung des inneren Feuers

Der Tiger tritt auf den Plan, wenn es darum geht, Ihr inneres Feuer wieder neu zu entfachen. Viel Kraft, Energie und Lebensfreude bleiben auf der Strecke, wenn Sie nicht ganz <u>bewusst</u> Ihren Fähigkeiten und Wünschen Aufmerksamkeit schenken und diese in Ihren Fokus rücken. Die Glut ist in Ihnen und sie wartet nur darauf, wieder richtig aufflammen zu dürfen. Es gilt nun souverän zu sich selbst zu stehen und mit erhobenem Haupt voranzuschreiten.

Achten Sie auf alle Bilder, Gedanken, Empfindungen und Assoziationen, die beim Lesen der folgenden Sequenzen in Ihnen wahrnehmbar werden und finden Sie heraus, welcher Sinn sich daraus für Sie ablesen lässt:

Es ist jetzt nicht die Zeit, um an alten Gewohnheiten festzuhalten; die Seelenkraft wird stärker; mit Herzensweisheit die richtigen Entscheidungen treffen; kreative Kraft verhilft zu neuen Ideen und Projekten; setzen Sie sich durch, wenn Ihnen etwas wichtig ist; leiten Sie Ihre Energien in die für Sie wichtigen Kanäle; es gilt Herausforderungen zu meistern – trauen Sie sich das zu; was ist es, das Sie in die Welt bringen möchten? Alles, was Sie brauchen, tragen Sie in sich selbst; die Gesundheit nicht aus den Augen verlieren; man respektiert und achtet Sie; wagen Sie sich auch einmal ins Licht – Sie können das; lassen Sie Ihr Licht strahlen, in Liebe und zum Wohle aller.

Übung: Visualisieren Sie einen Tiger! Sehen Sie ihn? Wie sieht er aus? Welche Assoziationen entwickeln Sie ganz spontan dazu? Lassen Sie Ihrem Geist freien Lauf und beobachten Sie, wohin Sie geführt werden.

Wal – Mit dem Kosmos verbunden

Der Wal nimmt Einfluss auf Ihr persönliches Schwingungsfeld. Jetzt gilt es zu entschleunigen und sich mit Ruhe und Bedacht auf die eigenen Fähigkeiten, Wünsche, Bedürfnisse, Interessen und Talente zu besinnen. Alles ist möglich. Sie haben die Möglichkeit auf allen Ebenen Heilung geschehen zu lassen und innerlich in Einklang zu kommen. Es liegt an Ihnen, welche Gedanken Sie für den Tag auswählen. Mit einer positiven Geisteshaltung öffnen sich alle Türen. Verbinden Sie sich mit dem Kosmos und fühlen Sie in diese Verbindung hinein. Tun Sie das auf Ihre eigene Art und Weise, so, wie es sich für Sie fühlen lässt. Diese Verbindung lässt Sie gestärkt und sicher geführt weitergehen. Finden Sie in Ihre Mitte und Sie sind überall zu Hause.

Achten Sie auf alle Bilder, Gedanken, Empfindungen und Assoziationen, die beim Lesen der folgenden Sequenzen in Ihnen wahrnehmbar werden und finden Sie heraus, welcher Sinn sich daraus für Sie ablesen lässt:

Was ist es, das losgelassen werden will? Was weigern Sie sich abzugeben, obwohl es Sie am Leben hindert? In Harmonie mit der seelisch-geistigen Kraft; lassen Sie die anderen selbst entscheiden; akzeptieren Sie das Unvermeidliche und sehen Sie die Chance darin; vermeiden Sie die Ablenkung, gehen Sie besser nach innen; wie heißen Ihre Quellen der Freude? Denken Sie auch an sich selbst, bevor Sie "ja" sagen und "nein" meinen; wertschätzen Sie Ihren Erfahrungs- und Erlebensschatz – Sie haben alles, was Sie brauchen, in sich; in Sicherheit geborgen; seien Sie bereit für das Leben, das noch auf Sie wartet; lassen Sie sich jetzt berühren – von den Menschen und von allem, was ist; eine geradezu magische Zeit bricht an.

Übung: Visualisieren Sie einen Wal! Sehen Sie ihn? Wie sieht er aus? Welche Assoziationen entwickeln Sie ganz spontan dazu? Lassen Sie Ihrem Geist freien Lauf und beobachten Sie, wohin Sie geführt werden.

Walross – Erhöhte intuitive Fähigkeiten

Das Walross taucht in Ihrem Umfeld auf und ermöglicht Ihnen die nächsthöhere Bewusstseinsstufe zu erreichen. Es lässt Sie an seinen überdurchschnittlich hoch entwickelten intuitiven Fähigkeiten teilhaben. Es wird Ihnen nun möglich, auf der psychischen Ebene, zu wachsen und Heilung geschehen zu lassen. Ihr Selbstbewusstsein kann sich weiterentwickeln und Ihr Feingefühl anderen Menschen und Mitgeschöpfen gegenüber grenzt ans Telepathische. Nutzen Sie Ihre immer weiter wachsenden Fähigkeiten. Ihr Weg wird sich weiter festigen. Neue Einsichten und Energien führen zum Ziel.

Achten Sie auf alle Bilder, Gedanken, Empfindungen und Assoziationen, die beim Lesen der folgenden Sequenzen in

Ihnen wahrnehmbar werden und finden Sie heraus, welcher Sinn sich daraus für Sie ablesen lässt:

Sie nehmen mehr wahr, als Sie gewohnt sind; die nächst höhere Bewusstseinsstufe kann nun erreicht werden; Bauchgefühl und Intuition ermöglichen Einblick in die Matrix; Sie bringen sich und anderen Heilung; Ihr Selbstbewusstsein und Selbstwertgefühl kann nun gesteigert werden; Sie sind gerade jetzt besonders dazu fähig, Menschen und/oder Tiere gut verstehen zu können; Sie können Gedanken und Emotionen anderer Wahrnehmen; Ihre Fähigkeiten weiter optimieren und der Welt anbieten; Ihre Ideen werden Sie zum Erfolg führen.

Übung: Visualisieren Sie ein Walross! Sehen Sie es? Wie sieht es aus? Welche Assoziationen entwickeln Sie ganz spontan dazu? Lassen Sie Ihrem Geist freien Lauf und beobachten Sie, wohin Sie geführt werden.

Waran: Kurzimpulse von sieben Krafttieren
Der Waran betritt als Botschafter von insgesamt sieben Krafttieren Ihr persönliches Schwingungsfeld.

Achten Sie auf alle Bilder, Gedanken, Empfindungen und Assoziationen, die beim Lesen der folgenden sieben Krafttier-Kurzimpulse in Ihnen wahrnehmbar werden und finden Sie heraus, welcher Sinn sich daraus für Sie persönlich ablesen lässt!?

Sieben Krafttiere senden Ihnen folgende Impulse:

- **Waran**: Vorsicht, Sie könnten jemanden mit Ihren Worten verletzen; lassen Sie sich selbst nicht von Worten verletzen.
- **Kautz**: Ihre Herzensweisheit ist gefragt; haben Sie keine Angst; auf Intuition vertrauen.
- **Blattlaus**: Nicht mit der Tür ins Haus fallen; noch etwas bedeckt halten, in der Gemeinschaft wohlfühlen.
- **Marder**: Sich selbst entdecken; etwas, das einengt, loslassen bzw. verabschieden; alles kommt wieder ins Lot; intuitive Wahrnehmung schulen.
- **Milan**: Seelenanteile können zurückkehren; alte Freunde können wiedergefunden werden; nicht lange zögern – spontan und schnell entscheiden.
- **Moskito**: Auf die Gesundheit achten; die Nähe zu anderen Menschen suchen; im Augenblick leben – im Hier und Jetzt.
- **Nachtfalter**: In der Dunkelheit sehen; auf das Licht zugehen; auf die Seele Rücksicht nehmen.

Übung: Visualisieren Sie einen Waran! Sehen Sie ihn? Wie sieht er aus? Welche Assoziationen entwickeln Sie ganz spontan dazu? Lassen Sie Ihrem Geist freien Lauf und beobachten Sie, wohin Sie geführt werden.

Waschbär – Magie und Trick

Der Waschbär taucht in Ihrem Energiekreis auf, wenn es darum geht, eine verzwickte Situation, die vielleicht sogar bereits aussichtslos erscheint, zu meistern. Er lässt Sie an seiner Gewitztheit, Erfindungsgabe und Anpassungsfähigkeit teilhaben. Außerdem besitzt er Kräfte, die Ihnen Erfahrungen erlauben, die Sie nicht für möglich halten. Er ist ein Medizinmann unter den Krafttieren, ein Magier der „Geistigen Welt". Wenn es darum geht, das eigene Leben, die eigene Authentizität zu verteidigen, wendet er sogar Tricks an. Springen Sie über Ihren Schatten und erlauben Sie sich – wenn es nicht anders geht – auch einmal nach dem Prinzip „DER STÄRKERE GEWINNT" zu leben. Es ist nicht möglich immer nur Rücksicht auf alle anderen zu nehmen. Nehmen Sie auch sich selbst wichtig.

Achten Sie auf alle Bilder, Gedanken, Empfindungen und Assoziationen, die beim Lesen der folgenden Sequenzen in Ihnen wahrnehmbar werden und finden Sie heraus, welcher Sinn sich daraus für Sie ablesen lässt:

Verbindung zwischen geistiger Welt und realer Welt; alles hat zwei Seiten; ein kleiner Trick kann durchaus weiterhelfen und schadet dem Gewissen nicht; anfassen erlaubt; erhöhte Wahrnehmungsfähigkeit bis hin zur Hellsicht; Sie unterschätzen sich; es ist nun möglich, sich selbst zu vertrauen; nicht an Ihrem Glauben zweifeln; würdigen und anerkennen dessen, was Sie haben; Sie müssen nicht immer jeden verstehen um „JA" zu ihm sagen zu können; Sie können mehr, als Sie sich – oder andere Ihnen – zutrauen;

Sie sind äußerst geschickt; prüfen Sie alte und neue Freundschaften; Anpassungsfähigkeit; Transformation; Veränderung ist der Schlüssel.

Übung: Visualisieren Sie einen Waschbären! Sehen Sie ihn? Wie sieht er aus? Welche Assoziationen entwickeln Sie ganz spontan dazu? Lassen Sie Ihrem Geist freien Lauf und beobachten Sie, wohin Sie geführt werden.

Widder – Unerschöpfliche Kraft

Der Widder tritt an Ihre Seite, um Sie für Ihre Vorhaben zu stärken. Er wird Sie bei der Umsetzung Ihrer Ziele unterstützen und Ihnen dabei helfen, Ihre Träume Wirklichkeit werden zu lassen. Sie haben alles gut vorbereitet und wissen im Grunde, was Sie wollen. Nur fehlen Ihnen noch ein wenig der Mut und die Kraft, voranzuschreiten. Mit dem Widder wird es Ihnen gelingen, Ihren Weg erfolgreich weiterzugehen. Sie werden sich stark und vital dabei fühlen.

Achten Sie auf alle Bilder, Gedanken, Empfindungen und Assoziationen, die beim Lesen der folgenden Sequenzen in Ihnen wahrnehmbar werden und finden Sie heraus, welcher Sinn sich daraus für Sie ablesen lässt:

Hindernisse können aus dem Weg geräumt werden; werden Sie jetzt unbedingt aktiv; wagen Sie den Sprung in die Ungewissheit; nehmen Sie die Herausforderung an; Ihr Durchsetzungsvermögen ist gefragt; man kann halt nicht immer nur nett sein; Ihr Gegenüber braucht klare Ansagen und abgesteckte Grenzen: ungeahnte Kräfte entfalten sich und bringen Sie weiter; Ihre Kreativität und Ihre Stärke führen Sie zu neuen Ufern; seien Sie gut zu sich selbst; Sie können Ihre Ideen umsetzen; der Erfolg steht vor der Tür; Gesundheit und Glück begleiten Sie; Schmerz und alter Ballast können nun überwunden werden.

Übung: Visualisieren Sie einen Widder! Sehen Sie ihn? Wie sieht er aus? Welche Assoziationen entwickeln Sie ganz spontan dazu? Lassen Sie Ihrem Geist freien Lauf und beobachten Sie, wohin Sie geführt werden.

Wolf – Führung durch geistiges Wachstum

Es wird Zeit, den Ruf der Seele nicht mehr länger zu ignorieren, sondern ihm zu folgen. Der Wolf bewirkt, dass Sie sich Ihrer seelisch-geistigen Kraft bewusstwerden und kündigt an, dass Sie in einer neuen Lebensphase eine tragende Rolle übernehmen und diese auch perfekt ausfüllen können. Das, was Sie von dem Schritt, eine Veränderung im Leben herbeizuführen abhält, will jetzt bewältigt bzw. bewusst und mit aller Kraft überwunden werden. In erster Linie sind damit eigene Muster und Weltanschauungen gemeint, die neu definiert werden möchten, weil sie Sie blockieren. Andere Menschen oder auch Mitgeschöpfe möchten nun auf Ihre Führungsqualitäten vertrauen können und sich von Ihnen sicher begleiten lassen. Ehrlichkeit, die klar ausgesprochen werden muss, ist das, was weiterhilft. Es nützt jetzt keine Schmeichelei oder freundliche Rücksichtnahme. Ihre Absichten und Visionen brauchen klare Worte. Auch, wenn es einige Personen in Ihrem Umfeld gibt, denen das nicht passt. Für das Wohl der Gesamtheit jedoch, sind Ihre Worte jetzt heilbringend.

Achten Sie auf alle Bilder, Gedanken, Empfindungen und Assoziationen, die beim Lesen der folgenden Sequenzen in Ihnen wahrnehmbar werden und finden Sie heraus, welcher Sinn sich daraus für Sie ablesen lässt:

Neuer Lebensabschnitt durch geistige Weiterentwicklung; Ruf der Seele ist deutlich zu hören; Mut zur Veränderung; Kraft für neue verantwortungsvolle Aufgaben bzw. Visionen; Selbstreflexion; Überwindung alter Gedanken- und Verhaltensmuster; Bewusstseinssprung zum Wohle aller; in der eigenen seelisch-geistigen Kraft ankommen; Mut für klare, unmissverständliche Worte; einlassen auf Wandlung; ein Lebensziel will gesehen, verteidigt und erreicht werden; Ihre Kräfte werden auf diverse Prüfungen gestellt; etwas Unbequemes oder Unschönes wird später zum Erfolg führen; weitergehen, weitermachen; die eigenen Grenzen kennen und dazu stehen.

Übung: Visualisieren Sie einen Wolf! Sehen Sie ihn? Wie sieht er aus? Welche Assoziationen entwickeln Sie ganz spontan dazu? Lassen Sie Ihrem Geist freien Lauf und beobachten Sie, wohin Sie geführt werden.

Zaunkönig – Wahre innere Größe

Der kleine Zaunkönig ist ein wahrer Zwerg unter den Vögeln. Doch sieht man von seiner äußerlichen Gestalt einmal ab, glänzt er auf anderen Ebenen durch eine beachtliche Größe. Er kennt sich aus und weiß Bescheid. Er hat es nicht nötig, sich über andere zu erheben und macht sich nicht abhängig von äußeren Einflüssen. Er ist sehr intelligent und weise, trägt dies aber nicht zur Schau. Seine wahre innere Größe zeichnet sich viel mehr durch Bescheidenheit, Sanftmut und Weitsicht aus. Taucht er in Ihrem Energiekreis auf, fordert er Sie dazu auf, andere Menschen und Mitgeschöpfe zu achten und zu respektieren, auch wenn Sie deren Verhalten womöglich nicht gutheißen oder unterstützen können. Sie sollten die Größe entwickeln, allem und jedem vorurteilsfrei zu begegnen.

Achten Sie auf alle Bilder, Gedanken, Empfindungen und Assoziationen, die beim Lesen der folgenden Sequenzen in Ihnen wahrnehmbar werden und finden Sie heraus, welcher Sinn sich daraus für Sie ablesen lässt:

Schauen Sie auf das, was Sie erreicht und erhalten haben und nicht auf das, was Ihnen fehlt; andere Menschen bringen Sie jetzt weiter; warum umständlich, wenn es auch einfach geht? Prahlen Sie nicht mit Ihren Fähigkeiten – wer prahlt übertreibt! Sie sind nun in der Lage, sich auf den Weg zu einem großen Ziel zu begeben; schonen Sie Ihre Kräfte; sehen Sie überall das Schöne in den Dingen; Sie sind in der Lage, Ihre Zukunft vorauszusehen bzw. vorauszuplanen; der Zaunkönig bringt Sie in Verbindung mit den Kräften und Wesen der „Geistigen Welt"; wenn Sie etwas zu sagen haben, dann sagen Sie es jetzt in aller Deutlichkeit; es ist Zeit, die Zweifel und Ängste zu verabschieden; Wachstum von Bewusstsein und Spiritualität findet statt.

Übung: Visualisieren Sie einen Zaunkönig! Sehen Sie ihn? Wie sieht er aus? Welche Assoziationen entwickeln Sie ganz spontan dazu? Lassen Sie Ihrem Geist freien Lauf und beobachten Sie, wohin Sie geführt werden.

Zebra – Wilde Kraft

Wenn das Zebra in Ihrem Energiekreis auftaucht, wird es höchste Zeit, sich von allem zu verabschieden, was Ihnen Energie raubt. Das Zebra bringt Ihnen die geballte Kraft der Wildnis. Zugleich warnt es Sie davor, seine Aufforderung, das Leben aufregender, authentischer und lebendiger zu gestalten, nicht ernst zu nehmen. Nicht alle Werte, Vorstellungen und Überzeugungen, die Sie im Laufe Ihres Lebens angenommen haben, sind wirklich Ihre eigenen. Es wird Zeit eingestaubtes Gedankengut aus Ihrem Kopf zu verbannen. Es gilt Ängste, Zweifel, Sorge und Scham hinter sich zu lassen und übertriebene Sicherheitsbedürfnisse gegen Neugier und Abenteuerlust einzutauschen. Zeigen Sie sich aufgeschlossen, vorurteilsfrei und tolerant. Und vor allem, zeigen Sie sich so, wie Sie vom Herzen aus wirklich sind.

Achten Sie auf alle Bilder, Gedanken, Empfindungen und Assoziationen, die beim Lesen der folgenden Sequenzen in

Ihnen wahrnehmbar werden und finden Sie heraus, welcher Sinn sich daraus für Sie ablesen lässt:

Es wird Zeit, sexuelle Bedürfnisse ernst zu nehmen und sich diesen hinzugeben; betrachten Sie immer beide Seiten der Medaille; befreien Sie Ihr denken, bewerten Sie sich selbst, aber nicht die anderen; Fesseln spürt nur, wer sich rührt – Sie sind aber nicht für Stillstand und Stagnation geschaffen – wenn Sie leben möchten, entledigen Sie sich Ihrer Fesseln; was sind Ihre Fragen? Warum sind das Ihre Fragen? Wo liegt der tiefere Sinn? Es gilt die Lust am Leben zu entdecken bzw. zu intensivieren; aller Anfang ist schwer, aber wurden Sie erst einmal vom Leben berührt, wird jeder weitere Schritt ein wenig leichter; ein Sprung in ein alles veränderndes Leben wird möglich; höchste spirituelle Wahrnehmungsfähigkeiten können sich von jetzt auf gleich entwickeln.

Übung: Visualisieren Sie ein Zebra! Sehen Sie es? Wie sieht es aus? Welche Assoziationen entwickeln Sie ganz spontan dazu? Lassen Sie Ihrem Geist freien Lauf und beobachten Sie, wohin Sie geführt werden.

Zentaur – Die Wahrheit kommt ans Licht

Ein Zentaur betritt Ihr persönliches Schwingungsfeld, um Ihnen die Möglichkeit anzubieten, Ihr Gewissen zu erleichtern. In der Vergangenheit haben Sie einen oder mehrere Fehler gemacht, die Ihnen heute leidtun. Sie haben jetzt die Chance einen – nicht zugegebenen – Fehler wieder gut zu machen oder ein Geheimnis ins Licht zu heben.

Es ist Ihre Entscheidung, seien Sie bereit, das Ergebnis Ihrer Entscheidung zu akzeptieren. Die Chancen, dass man Ihnen verzeihen wird, stehen günstig.

Achten Sie auf alle Bilder, Gedanken, Empfindungen und Assoziationen, die beim Lesen der folgenden Sequenzen in Ihnen wahrnehmbar werden und finden Sie heraus, welcher Sinn sich daraus für Sie ablesen lässt:

Die Wahrheit ans Licht heben; Ihre Gedanken formen Ihre Realität – wählen Sie die richtigen Gedanken aus; etwas kann sich nun wandeln; Sie erkennen sich selbst; Sie werden sich erlöst fühlen; seien Sie bereit, das Leben so zu nehmen, wie es kommt; aus jeder Begebenheit lässt sich etwas lernen; Verabschiedung alter Lasten; Sie haben die Chance, über sich hinauszuwachsen und das Gefühl von Heilung zu erfahren.

Übung: Visualisieren Sie einen Zentaur! Sehen Sie ihn? Wie sieht er aus? Welche Assoziationen entwickeln Sie ganz spontan dazu? Lassen Sie Ihrem Geist freien Lauf und beobachten Sie, wohin Sie geführt werden.

Ziege – Einfühlsamkeit und Verständnis
Die Ziege tritt auf den Plan, wenn man Sie geradezu dazu ermahnen muss, etwas kürzer zu treten. Übertreiben Sie es nicht mit Ihrem Fleiß, Ihrer Fürsorge und Ihrem Engagement für andere. Sie sind auch noch da und Ihr Leben will gelebt werden. Halten Sie Ausschau nach dem, was Ihr

Leben bereichert. Was brauchen Sie für Herz und Seele? Laden Sie dies in Ihr Leben ein.

Achten Sie auf alle Bilder, Gedanken, Empfindungen und Assoziationen, die beim Lesen der folgenden Sequenzen in Ihnen wahrnehmbar werden und finden Sie heraus, welcher Sinn sich daraus für Sie ablesen lässt:

Die Natur hält Heilung bereit; Wissen über heilende Kräuter und Heilsteine; unter Freunden sein; in der Gemeinschaft einen Platz haben; geteiltes Leid ist halbes Leid; das Leben genießen und glücklich sein; erhöhte Fruchtbarkeit und Fitness; nicht meckern, sondern hinhören und verstehen; Steigerung des Selbstvertrauens; zielstrebiges Weitergehen; auf zur nächsten Bewusstseinsebene; gute Chancen auf materiellen Zugewinn.

Übung: Visualisieren Sie eine Ziege! Sehen Sie sie? Wie sieht sie aus? Welche Assoziationen entwickeln Sie ganz spontan dazu? Lassen Sie Ihrem Geist freien Lauf und beobachten Sie, wohin Sie geführt werden.

DANK

Viele wunderbare Menschen habe ich auf meinem spirituellen Weg bereits kennenlernen dürfen, und jeder hat auf seine ganz besondere Weise einen Beitrag zu diesem Buch geleistet. Mein ganz besonderer Dank gilt an dieser Stelle:

Susann Sontag für sehr hilfreiche Anregungen, einen unglaublich wertvollen Erfahrungsaustausch und die Aufnahme in ihren LebensSchritte Verlag.
www.selbstvertrauen-info.de

Myriam Tonga Götze für das Wecken meiner spirituellen Interessen und das gemeinsame Sammeln von seelisch-geistigen Erfahrungen seit vielen Jahren.
www.myriam-tonga.de

Monica Coe für ihre wertvollen Anregungen und den gemeinsamen Erfahrungsaustausch während unserer gemeinsamen, morgendlichen Ausflüge durch die Natur.
www.matrix-dynamics.de

Margit Paul für konstruktives Feedback und Unterstützung von Anfang an.

Tobias Schnotale für das Lektorieren und Überarbeiten meiner Texte.

Ralf Hillmann
im Juli 2013

ZAHL - ZAHL

KOPF - KOPF

ZAHL - KOPF

KOPF - ZAHL

Weitere Bücher aus dem LebensSchritte Verlag:

VON RALF HILLMANN:

Geistige Welten – Wie das Spirituelle uns weiterbringt
Aktivierender spiritueller Ratgeber
ISBN: 978-3945494097 – auch als eBook erhältlich

Spirituell auf deine Weise
Ein Arbeitsbuch zur Fokussierung des eigenen Lebensglücks
ISBN: 978-3945494011 – auch als eBook erhältlich

Von Herz zu Herz
Sieben herzberührende spirituelle Märchen
ISBN: 978- 3945494059 – auch als eBook erhältlich

Das Orakel der Engel
Ein Buch mit 150 Engeln zum effektiven Selbstcoaching
ISBN: 978-3945494004 – auch als eBook erhältlich

Persönliche Krafttierreisen
Ein Buch als Anleitung zum Krafttierreisen
ISBN: 978-3981588477 – auch als eBook erhältlich

Das Geheimnis der blauen Tränen
Kurzes, spirituelles Märchen
ISBN: 978-3945494028 – auch als eBook erhältlich

VON SUSANN SONTAG:

Erleben Sie Erfüllung in Ihrem Beruf?
Glücklich und erfolgreich leben lernen
ISBN: 978- 3945494073 – auch als eBook erhältlich

Was Ihr Bauch Ihnen sagen will
Ganzheitliche Selbsthilfe bei Magen- und Darmerkrankungen
ISBN: 978-3945494035 – auch als eBook erhältlich

Kennen Sie Ihren Weg?
Ein Lese- und Übungsbuch zur ganzheitlichen Lebenshilfe
ISBN: 978-3981588408 – auch als eBook erhältlich

Schreiben Sie Ihr Lebensdrehbuch neu
Ein Lese- und Übungsbuch zur ganzheitlichen Lebenshilfe
ISBN: 978-3981588453 – auch als eBook erhältlich

VON HEIDRUN ADRIANA BOMKE:

Neumond in Syrakus
Reisetagebuch eines Aufbruchs – Teil 1
ISBN: 978- 3945494066 – auch als eBook erhältlich

VON PETER SCHMID:

Die Sonne und der Mond in der Astrologie
Warum wir handeln, wie wir handeln
ISBN: 978-3-9815884-4-6

Alle Informationen und weitere Bücher unter:
www.lebensschritte-verlag.de oder amazon.de

30404347R00122

Printed in Poland
by Amazon Fulfillment
Poland Sp. z o.o., Wrocław